The Serralves Foundation, 10th of October to 1st of December 1996

Dennis Oppenheim

Fundação de Serralves, 10 de Outubro a 1 de Dezembro de 1996

FICHA TÉCNICA / TECHNICAL DATA

EXPOSIÇÃO / EXHIBITION

Programação / Programming
Fernando Pernes

Comissariado / Curatorship
Bernardo Pinto de Almeida

Coordenação da produção e montagem / Production and Installation Coordination
Marta Moreira de Almeida

Equipa de montagem / Installation Staff
Drew Cliness
João Loureiro
José Adriano Silva
Luís Pinto
Paulo Sequeira

Colaboradores na montagem / Assistants to the Installation Staff
António Filipe Meira
José Miguel Moreira de Almeida
Paulo Almeida

Seguros e transportes / Insurance and Transport
Isalinda Pinheiro
Marta Moreira de Almeida

Animação cultural / Cultural Activities
Cristina Grande
Paula Cardoso Fernandes

Serviço educativo / Education Service
Coordenação / Coordination: Marta Moreira de Almeida
Monitores / Docents: Joana Barbedo, Rita Martins, Samuel Guimarães, Sandra Amorim, Susana Medina

Secretariado / Secretariat
Cristina Lapa
Isabel Lhano
Maria Ramos

Apoio / Support
Fundação Luso-Americana para o Desenvolvimento
Sheraton Porto Hotel

CATÁLOGO E JORNAL DA EXPOSIÇÃO / CATALOGUE AND EXHIBITION BULLETIN

Coordenação / Coordination
Maria Ramos

Textos / Texts
Bernardo Pinto de Almeida
G. Roger Denson

Entrevista ao artista / Artist interviewed by
Bernardo Pinto de Almeida

Tradução / Translation
Paulo Eduardo Carvalho
Richard Zimler

Design
Studio Andrew Howard

Fotografia / Photography
António Pinto

Créditos fotográficos / Photographic Credits
Ace Gallery, Los Angeles
Anne Plumb Gallery, New York
David Sundberg, New York
Drew Cliness, New York
Gallerie Albrecht, München
Helman Gallery, New York
I. Idini, Roma
Ierimonti Gallery, Milano
Jeff Frey and Associates, Duluth (Minnesota)
Lizz Leggett, New York
Planet/Ryberg, Copenhagen
The Butler Art Institute, Youngstown (Ohio)
The Children's Museum, San Diego

Execução / Printing
Arcanjo Ribeiro, Artes Gráficas

A Fundação de Serralves exprime o seu reconhecimento à revista **Parkett** e a G. Roger Denson pela generosa cedência dos direitos de publicação do texto *A Poesy of Diagnosis or the Object-Neurology of Dennis Oppenheim.*

The Serralves Foundation wishes to express its gratitude to the magazine **Parkett** *and to G. Roger Denson for generously waving copywright on* A Poesy of Diagnosis or the Object-Neurology of Dennis Oppenheim.

O artista agradece a ajuda prestada por / *The artist would like to thank the following people who worked on the sculpture for the exhibition:*
Drew Cliness, Mark Esper, Emily Katrencik, Peter Kreider, Alon Segev, Rebecca Welch.

Dennis Oppenheim tem ocupado com a sua obra as margens críticas de uma sociedade pós-industrial revelada pela mutação dos seus objectos e resíduos. Tendo realizado importantes projectos nos domínios da *Earth Art*, nos quais rompia com as limitações do museu e da galeria, assim como da *Body Art* nos quais se indefiniam as relações entre corpo e objecto, Dennis Oppenheim explorou novas possibilidades de desconstrução do objecto, através da sua ampliação e caricatura, produzindo cenários alucinados de marcada referência fantástica, pós-surrealista e *pop*. As suas máquinas exploram novas percepções sensoriais da relação do corpo com o espaço, na metamorfose onírica da sua funcionalidade.

É com muita honra que a Fundação de Serralves acolhe na sua programação uma significativa exposição de obras recentes de um artista que muito tem contribuído com a intranquilidade da sua obra para extender o contexto artístico contemporâneo a novas experiências de percepção e compreensão do lugar da arte na vida dos nossos dias.

A Fundação de Serralves exprime os seus agradecimentos a Dennis Oppenheim, pela colaboração e ajuda que tornaram possível a realização desta exposição, assim como à Fundação Luso-Americana para o Desenvolvimento, a qual, uma vez mais, contribuiu decisivamente para a apresentação no nosso país de um dos nomes fundamentais da arte norte-americana.

Fundação de Serralves

Dennis Oppenheim, with his work, has placed himself at the critical fringe of a Post-Industrial society evidenced by alterations of its materials and residues. Having created important projects within the scope of Earth Art (in which he broke with the limitations of the museum and gallery), as well as Body Art (in which he disordered the relationship between body and object), Dennis Oppenheim has explored new possibilities for the deconstruction of the object. He has done this through enlargement and caricature, producing hallucinatory scenarios with marked references to the Fantastic and to Post-Surrealist and Pop Art. His machines explore new sensory perceptions of the relationship between the body and space, within the context of the dreamlike metamorphosis of their functionality.

It is with great pride that the Serralves Foundation welcomes an important exhibition of recent work from an artist who has contributed greatly – with the agitation of his work – to extending our contemporary artistic framework toward new experiences of the perception and the understanding of the place of art in the world today.

The Serralves Foundation wishes to express its thanks to Dennis Oppenheim for his collaboration and help in making this exhibition possible, as well as the Luso-American Development Foundation, which once again has contributed decisively toward the presentation in our country of one of the most important American artists.

The Serralves Foundation

Índice
Contents

Graças à Luz Eléctrica...

Galloping through the wheat, 1992-3

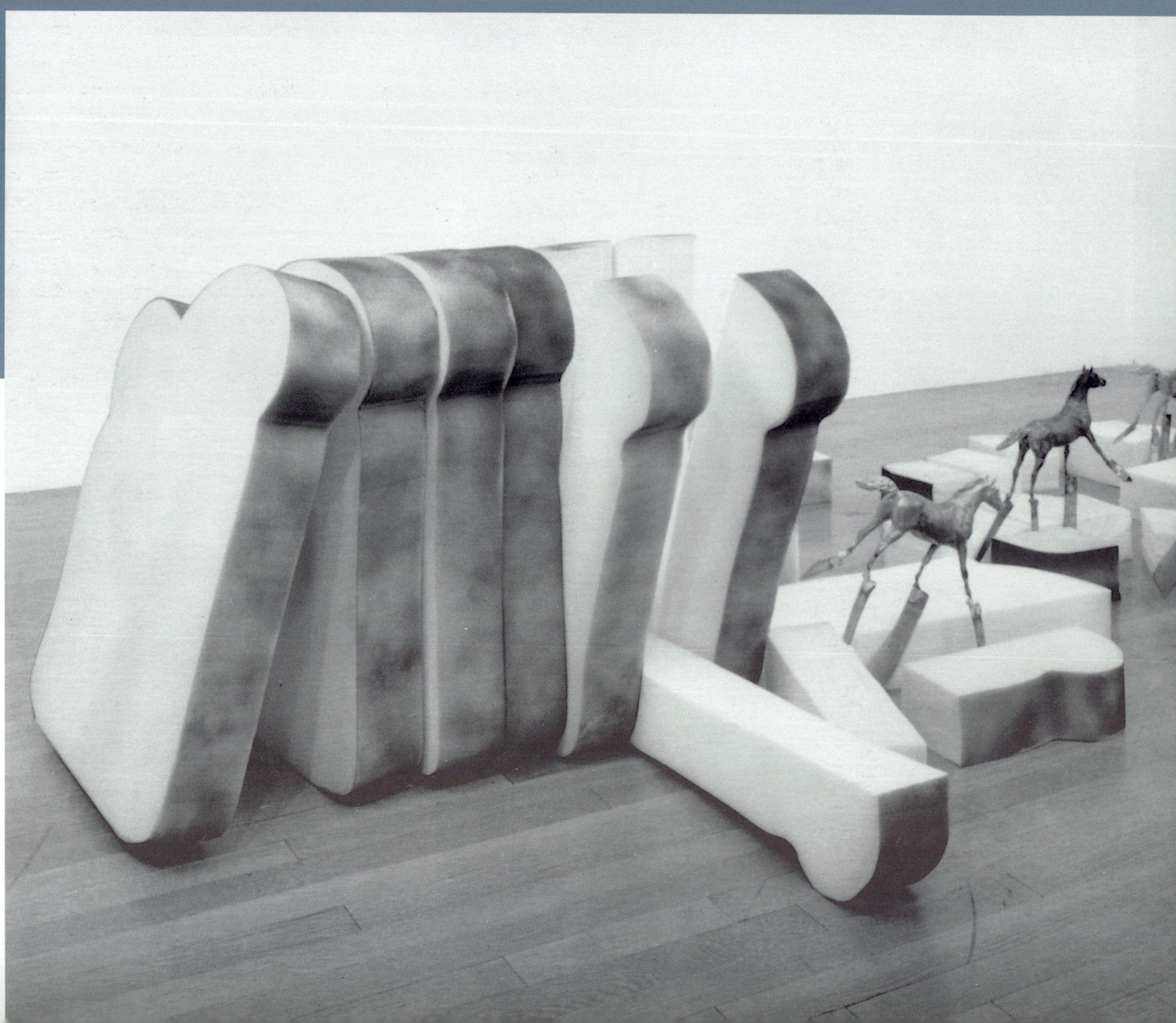

Graças à Luz Eléctrica...
(Ao Ângelo de Sousa)

1 Hipóteses

O pequeno mundo da arte contemporânea parece dividir-se, de modo cada vez mais claro desde os anos cinquenta, em duas realidades singularizadas: o da arte europeia – não tomando por agora em conta as múltiplas expressões que nesta se desenham, mesmo para além da discussão em torno dos *genius loci* –, e o da arte americana.

Todavia, se pensarmos na afirmação do *Expressionismo abstracto* como um "grito de libertação" da arte americana face aos modelos europeus, e muito em particular em relação com a chamada *École de Paris*, não deixaremos de nos aperceber que, para além dos muitos interesses que na sua divulgação foram movimentados ao mais alto nível – lembremos por exemplo a acção financiadora da U.S.I.A. na sua exportação[1] –, esse movimento foi ainda claramente inspirado por uma concepção heróica e romântica do artista, nomeadamente no que tocou à sua teorização, sobretudo através dos textos de Clement Greenberg[2]. Visão que, apesar de afirmativa quanto aos rumos de "especificidade" da arte americana[3], nos seus valores e na tradição de que se reivindicava era ainda, em grande medida, próxima do entendimento sensível subjacente aos valores que se trabalhavam no interior da arte europeia.

Com o passar dos anos, e com o surgimento da *Pop Art* americana, assente em diferentes postulados dos da *Pop* inglesa, historicamente anterior, bem como do

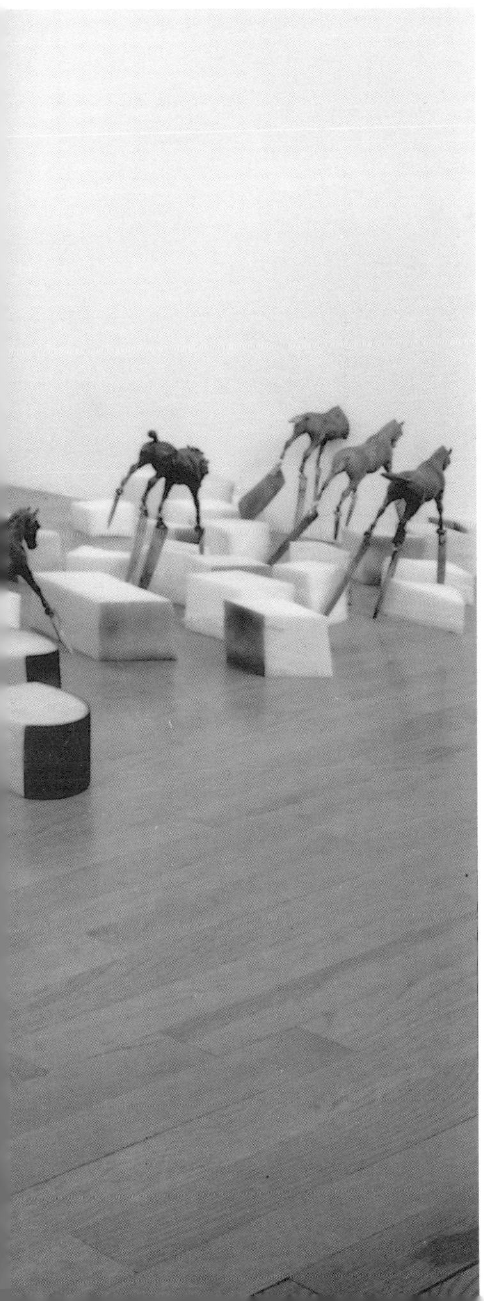

Thanks to the Electric Light

(For Ângelo de Sousa)

1 Hypotheses

Our little world of contemporary art seems to have split – with growing clarity since the 1950s – into two separate realities: European art – not taking into account for now the many expressions it contains, even going beyond a discussion of *genius loci;* and American art.

In any case, if we think of the rise of *Abstract Expressionism* as a "cry of freedom" made by American art in the face of European models, particularly with regard to the so-called *École de Paris,* we will nevertheless realize that beyond the many interests which came into play at the highest levels – let us recall, for example, the financial support of the U.S.I.A. in its exportation[1] – this movement was still clearly inspired by a heroic and romantic conception of the artist regarding those things which have to do with theorizing, above all by the writings of Clement Greenberg[2]. It is a vision which, though affirming the directions of "specificity" in American art[3], with regard to its values and the tradition which it claimed was still, in large part, close to the sensitive understanding underlying the values being worked inside European art.

With the passing of time, and with the rise of American Pop Art – rooted in postulates different from

Conceptualismo e do *Minimalismo*, esse fosso entre a arte dos dois continentes foi crescendo e hoje falar de uma e da outra, embora seja necessariamente relacionável, corresponde de facto ao estabelecimento de dois discursos bem diversos.

Isto porque, assim o quero supor, a arte europeia por um lado continuou a referir-se mais fortemente à sua própria tradição formal e, por outro lado, deixou desde há muito de ter quem se preocupe com uma teorização permanente dos seus pressupostos, virando-se a reflexão ora para o simples comentário crítico ora para uma especulação estética com âmbitos diversos de interrogação (com raras e honrosas excepções como a de Pierre Restany). E também, naturalmente, porque a arte americana, até pela urgência de se afirmar autonomamente em relação à europeia, se sustenta hoje sobre uma base teórica incontornável em que avultam nomes como os de Rosalind Krauss (e de todos os do grupo da revista *October*), de Hal Foster ou Arthur C. Danto, para só referir alguns. Autores estes que, embora reportando-se, no plano referencial, à cultura europeia estruturalista e pós – apoiando-se em nomes tão poderosos como os de Lacan, Barthes, Lévi-Strauss ou ainda Foucault, Deleuze e Derrida – afirmam no plano do exemplo uma preeminência de temas que, de raiz, pertencem já de facto aos modelos culturais profundos do viver e do sentir da América.

Tal se revela exemplarmente na arte combinatória de alta e baixa cultura de um Andy Warhol como, de modo diverso embora, nos caminhos progressivamente mais complexos do *Minimalismo* e do *Pós-minimalismo* como, enfim, em experiências de carácter mais abertamente pós-modernizante tais as de Louise Lawler, Robert Gober, Cindy Shermann, Nan Golding ou do próprio Jeff Koons.

Se é verdade que a Europa, em muitos aspectos, se deixou penetrar muito fundamente pelo modelo americano no decorrer dos últimos quinze anos, um dos pontos de passagem dessa influência ocorreu precisamente no campo artístico, da mesma maneira que antes acontecera, por exemplo, com a literatura ou com o cinema. Até pela referida falta de modelos teóricos próprios — pelo menos desde a morte do *último herói* europeu, Joseph Beuys — que servissem de estímulo e de referência paradigmática para a afirmação de outros tipos de experimentação.

those of the pre-existing English Pop – and with the emergence of Conceptualism and Minimalism, such a gap between the art of the two continents has been growing. And so today, to speak of one or the other – though they are, of course, comparable – really corresponds to the establishment of two very different discourses.

This because, I would like to suggest, European art on the one hand continued to refer back more strongly to its own formal tradition and, on the other hand, has stopped for a long time being the object of continuous theorizing about its own suppositions, critics turning instead either toward reflection or simple critical commentary or aesthetic speculation within different parameters of questioning (with rare but exemplary exceptions, such as Pierre Restany). And also naturally because American art, in its very eagerness to affirm its autonomy with regard to European art, is sustained today by an undisputable theoretical base in which stand out names such as Rosalind Krauss (and all those in the group tied to *October* magazine), Hal Foster and Arthur C. Danto, among others. Authors who, though referring back to European Structuralist and Post-Structuralist culture – making use of such influential names as Lacan, Barthes, Lévi-Strauss and even Foucault, Deleuze and Derrida – affirm at the level of example the preeminence of themes which, at their roots, really belong to deep cultural models of American life and feeling.

This is revealed in an exemplary manner in the art of someone like Andy Warhol, which combines high and low culture, just as it is revealed in a different way in the progressively more complex explorations of Minimalism and Post-Minimalism, and once again, in those experiments of a kind more openly post-modernizing which are exemplified by Louise Lawler, Robert Gober, Cindy Shermann, Nan Golding and Jeff Koons himself.

If it's true that Europe, in many ways, let itself be penetrated very deeply by the American model over the last fifteen years, one of the clear markings of this influence occurred right in the field of art, just as in the same way it had happened earlier with, for example, literature and cinema. This happened due to

É assim que a compreensão plena das obras dos artistas americanos desde a década de sessenta, para além do *valor de presença* da própria obra, que afinal é ainda um critério europeu — a este respeito pense-se, por exemplo, nos escritos de um Henry Maldiney[4] —, passará sempre não apenas pelo reconhecimento do seu contexto social, cultural, económico e até político como, muito mais profundamente, pelos termos do próprio debate levado a cabo sistematicamente pelos críticos e teóricos de arte americanos. O que não significa que as obras da arte americana se esgotem na mera ilustração de conceitos previamente definidos, mas apenas que elas se relacionam interactivamente com estes e os exprimem de um modo muito significativo no seu âmbito semântico.

Dir-se-ia, para simplificar, que se a arte europeia se caracteriza por uma prevalência do *significante*, no sentido que o termo ganhou na discussão linguística, a arte americana se aproxima mais claramente do plano do *significado*. Assim as manifestações das chamadas *gender politics* – arte feminista, pós-feminista ou *gay* –, da arte envolvida politicamente com causas como a sida ou a arte problematizadora de várias relações sociais antinómicas como público/ privado, etc.

Nesse sentido, obras como as de um Antoni Muntadas ou de um Hans Haacke, por exemplo, e por polémicas que estas observações marginais possam parecer, seriam então características de uma crescente e já referida influência das problemáticas e dos modelos americanos nas experiências de alguns artistas europeus, mesmo se as suas obras permanecem num âmbito referenciado à cultura europeia recente.

É no contexto deste debate que importa entender a obra dos artistas americanos das últimas décadas em geral e, mais em particular, a de um autor tão importante como Dennis Oppenheim (n.1938), indiscutivelmente um pioneiro nos caminhos da arte conceptual.

Para além da intensidade que essas obras reportam na sua relação mais directa com o espectador, que será sempre o traço de união último que justifica a existência da própria obra, elas referem-se sempre a uma espécie de *campo semântico* – social, cultural, mas também teórico – caracteristicamente americano. Ou seja, a uma raiz cultural que desde os seus inícios a marcou indelevelmente.

Europe's very lack of theoretical models of its own (as referred to above) – at least since the death of Europe's *last hero*, Joseph Beuys – models which might have served as a stimulus and paradigmatic reference for the affirmation of other types of experimentation.

In this way a full understanding of the works of American artists since the 1960s – beyond the *value of presence* of the work itself, which in the end is still a European criterion (in this regard, think, for example, of the writings of a Henry Maldiney[4]) – will always come not only from a recognition of its social, cultural, economic and even political context, but even more deeply, from the terms of the debate conducted by American critics and theoreticians of art. Which doesn't mean that American works of art waste themselves as mere illustrations of previously defined concepts, but only that they relate themselves interactively with such concepts and express them in a very meaningful way within their semantic context.

To simplify things, one could say that if European art is characterized by the prevalence of the *signifier*, in the meaning of the word taken from linguistics, American art tends to move closer toward the level of the *signified*. And so we have the manifestations of so-called *gender politics* – feminist, post-feminist and gay art – art which is politically involved with causes such as the fight against AIDS or art based on various oppositional social relations, such as public/private, etc.

In this sense, works such as those by an Antoni Muntadas or a Hans Haacke, for example – controversial as these marginal comments may sound – would be, then, characteristic of a growing (and already referred to) influence of American subject matter and models on the experimentations of some European artists, even if their works remain within a context having to do with recent European culture.

It is in the context of this debate that it is necessary to understand the work of American artists over the last few decades in general and, more specifically, the work of such an important artist as Dennis Oppenheim (b. 1938), indisputably a pioneer of conceptual art.

Beyond the intensity that these works achieve in their extremely direct relation with the viewer (which

2 Aspectos de uma obra

Examinemos por agora um pouco do sentido desta obra, em termos de breve referência à sua própria história, e tendo em conta que ela se produziu num contexto artístico e estético de relação com obras como as de Robert Smithson, Walter de Maria ou Vito Acconci, seus companheiros de experimentação e de geração.

Logo em 1967, então jovem professor de arte num liceu, Dennis Oppenheim realizou as suas primeiras obras significativas. "Sitemarkers" — título de série — eram obras constituídas por marcadores ou estacas manufacturadas e numeradas e pela fotografia de uma determinada paisagem. A fotografia e a documentação do lugar guardadas num cilindro de plástico acompanhada de uma embalagem contendo a estaca constituíam a presença física da obra.

Pouco depois, em 68, as "Viewing Stations" seriam uma espécie de palanques individuais para contemplar o envolvimento, em familiaridade possível com o pedestal de Piero Manzoni que tornava aquilo ou quem se pusesse em cima numa imediata obra de arte. Ainda desse ano, "Indentations" eram peças que assinalavam um lugar pela remoção de algum elemento cuja marca ficava assinalada. A operação era fotografada antes e depois da remoção.

Tudo isto surgia como um conjunto de acções realizadas como exteriores ao espaço da galeria e do museu, afirmando assim a necessidade tipicamente conceptual de uma intervenção que descodificasse os chamados *lugares da arte*, ao mesmo tempo que deles se distanciava.

Gesto parente mas de sinal contrário ao de Duchamp que fizera entrar o *ready-made* no museu, o de Oppenheim, seu continuador a vários títulos, consistia propriamente em trazer o objecto para fora do museu, para fora do próprio objecto artístico. Dessacralizar, eis ao que se poderia resumir este tipo de acções. Ou, noutros termos, em *desartizar*, se assim se pode dizer. Isto é, em *trazer a arte para fora da arte.*

Ainda no fim de 68, as primeiras intervenções assumidas de *Earth Art* — que podia ser urbana, ao contrário da *Land Art* inglesa, ainda próxima de uma tradição paisagista remontável à própria memória da arte britânica, e marcada por um sentido ecológico — serão a consequência radicalizada destas experiências,

will always remain a mark of the final union which justifies the existence of the work itself), they always make reference to a kind of *semantic field* – social, cultural but also theoretical – which is characteristically American. That is to say, to a cultural root which since its beginnings has indelibly marked such work.

2 Aspects of a work

Let's take a bit of a look for now at the direction of this work, in terms of a brief reference to its own history, and keeping in mind that it was produced within an artistic and aesthetic context which referenced works such as those by Robert Smithson, Walter de Maria and Vito Acconci, Oppenheim's experimentational and generational companions.

As early as 1967, as a young high school art teacher, Dennis Oppenheim produced his first important work. "Sitemarkers," the title for a series, were works made up of markers or poles manufactured and numbered, as well as photographs of a given landscape. Photographs and details about the place in question – kept in a plastic cylinder along with a package containing the pole – constituted the physical presence of the work.

A little while later, in 1968, "Viewing Stations" came as a series of sorts of individual scaffolds which were used to consider involvement, possibly evoking the pedestal of Piero Manzoni which made the work or whoever placed himself on top of it into an immediate work of art. Still from this same year, "Indentations" were pieces which indicated a place by means of the removal of some element whose mark was indicated. The process was photographed before and after removal.

All this developed as a series of actions exterior to gallery or museum spaces, affirming in this way the necessity – typically conceptual – of an act which de-codes so-called *places of art* at the same time as it distances itself from them.

An act evoking – but with an opposite marker – that of Duchamp, who had brought the *ready-made* into museums, this work of Oppenheim, his follower at various levels, consisted precisely in bringing the object outside of the museum, outside of the art object itself. To de-sanctify is the aim which could be said to tie together all these actions. Or, in other words, to

consumando a vontade de abertura ao espaço exterior, ao espaço público, exorcizando os espaços tradicionais de apresentação da arte e as ideologias românticas de heroicismo do artista que estavam associadas a estes dispositivos.

"Gallery Transplants", série de obras datadas de 1968-69, tornarão ainda mais explícita esta intenção ao projectar no exterior os espaços da galeria, ou ao serem realizadas através de trocas materiais com o espaço da galeria. Exemplo: o artista deixava um pedaço de uma unha na galeria e carregava sob a pele uma farpa de madeira do chão da galeria, nisso consistindo a própria obra.

A prática da *Body Art*, de que foi um dos pioneiros e principais impulsionadores, levaram depois Oppenheim para uma experimentação do próprio corpo como suporte num registo que ecoava as experiências *Fluxus* da *performance*, nomeadamente através de obras como "Material Interchange" (1970) ou "Two Stage Transfer Drawings. Dennis to Erik Oppenheim and Erik to Dennis Oppenheim", em que desenhava sobre as costas do seu filho Erik uma forma que este reproduzia, a partir da sensação, numa folha branca. Tratava-se agora de explorar o tema do *decentering-self* ou do *extended-self*, isto é, da vontade de fazer da obra uma experienciação da expansão do sujeito a partir das suas sensações.

Todo este projecto se inscrevia numa dinâmica anti-modernista e de ressonância neo-dadaista que uma outra obra, datada de 1976, "Lecture", viria a condensar. Uma encenação de uma sala onde um boneco com a cara do artista faz uma conferência para um único espectador, outro boneco, explicando o futuro da arte e a *crise das vanguardas*, com uma capacidade notável de antecipação premonitória.

Uma segunda "época" na obra de Dennis Oppenheim começa a esboçar-se a partir de 1973, com "Wishing Well". É a *fase* maquínica ou fabril, que doravante o vai interessar cada vez mais. Assumida plenamente a partir de 79 com outra obra ainda mais radical, significativamente intitulada "Beyond the Tunnel of Hate. A Nightmare in Search of Structure"[5], apresentada ainda fora das galerias, na Kent State University. Outras obras como "Recall", de 1974, evocavam já, antecipando-o, o que viria a ser o núcleo essencial do trabalho de artistas mais recentes como Bill Viola ou Gary Hill.

de-artify, one might say. That is to say, in *bringing art outside of art*.

At the end of this same year, 1968, the first works under the name *Earth Art* – which could be urban, as opposed to English *Land Art*, which was akin to a landscape tradition dating back to the very origins of British art and marked by an ecological tendency – came to be the radicalized consequence of these experimentations, consummating a willingness to open up to exterior space, to public space, exorcising traditional spaces for the presentation of art and romantic ideologies about the heroism of the artist associated with these techniques.

"Gallery Transplants," a series of works dating from 1968-69, make even more explicit this intention in the way that they project gallery spaces into their exterior and are made through exchanges of material with the gallery space. An example: the artist left a bit of a fingernail in the gallery and inserted under his skin a splinter of wood from the gallery floor, this constituting the work itself.

The practice of *Body Art*, for which Oppenheim was one of the pioneers and principle champions, led him later toward experimentations with the body as a support in a register which echoed the *Fluxus* experimentations of *performance*, most particularly in works such as "Material Interchange" (1970) and "Two Stage Transfer Drawings – Dennis to Erik Oppenheim and Erik to Dennis Oppenheim," in which he designed on his son Erik's back a form which the boy reproduced – guided by the sensations he was feeling – on a white sheet. It's a case of exploring the themes of the *de-centering self* or of the *extended self*, that is to say, the willingness to make the work into an experience of the expansion of the subject as guided by his sensations.

This entire project took place within the context of an anti-modernist dynamic, with a neo-Dadaist resonance which another work, dating from 1976, "Lecture," would consolidate. In it, there is a room where a puppet with the artist's face is giving a conference for a single spectator, another puppet, and is explaining the future of art and the *crisis of the avant-gardes* with great powers of anticipatory foresight.

A second "period" in the work of Dennis Oppenheim begins to develop after 1973, with "Wishing Well." It's a mechanical or industrial phase which

Em contra-corrente face aos pressupostos do modernismo, Dennis Oppenheim foi desenvolvendo uma obra que se define pela sua lógica anti-monumental, pela sua vontade de transbordar os espaços tradicionais da arte ao mesmo tempo que pela sua clara intenção de afirmar uma espécie de delírio maquinal a que as obras posteriores, que esta mostra exemplifica, darão um corpo cada vez mais nítido.

No notável ensaio que lhe dedicou, um dos seus mais inteligentes críticos, Thomas McEvilley, escreveu: *"Their humanistic size represents a rejection of modernist monumental synthesis".*[6]

3 As obras recentes

Desde há longo tempo que as filosofias orientais nos vêm ensinando que a única constante do mundo é a mudança. Tudo se transforma. O que é agora uma forma dá origem depois a uma outra, seja ela orgânica ou inorgânica. A instabilidade é, ao que parece, a única regra fiável da realidade. Neste sentido de resto vão as recentes *Teorias do Caos* que recuperam autores como Fritjof Capra e o seu clássico *The Tao of Physics*[7].

Os surpreendentes acontecimentos que nos são contemporâneos bem como o processo de aceleração geral e de "sobreaquecimento" gerado pelos novos índices da cibernética, da informática e, mais em geral, da tecno-ciência, assim como os novos modelos de circulação da informação, numa espécie de efeito de *excesso de história* (e não tanto de *fim da história* como alguns pretendem) dão-nos a imagem por vezes trágica disso mesmo. Tudo muda e o sentido da mudança não tem índices de previsibilidade. Pelo contrário, parece vaguear ou inflectir ao sabor de catástrofes que desencadeiam sempre novas configurações desse *excesso de realidade* que vamos vivendo como o nosso cenário quotidiano.

As obras de arte e os artistas vêm--nos avisando desde há longo tempo para essa necessidade de estarmos atentos a esse ritmo de constantes mutações, à aceleração das transformações, à espessura da realidade e à emergência do seu excesso no processo do acontecimento.

A obra de Dennis Oppenheim tem, neste contexto, valor de autêntico manifesto. Ela sugere mais exemplarmente que outras o ponto de instabilidade (ou de catástrofe) em que a realidade se revela na sua dimensão mais inesperada e

from here on interests him ever more. This phase was fully entered into by the artist after 1979 with the appearance of another, more radical work, significantly entitled, "Beyond the Tunnel of Hate. A Nightmare in Search of Structure."[5] This work was presented outside any galleries, in Kent State University. Other works such as "Recall," from 1974, already evoke and anticipate what would become the key elements of work from more recent artists, including Bill Viola and Gary Hill.

In a direction opposite to that of the postulates of modernism, Dennis Oppenheim has been developing a body of work which is defined by its anti-monumental logic, by its willingness to go beyond traditional art spaces and, at the same time, by its clear intention to affirm a kind of mechanical delirium – a delirium to which his subsequent work, some of which are on show here, gives an ever clearer form.

In a noteworthy essay which was dedicated to the artist, one of his most intelligent critics, Thomas McEvilley, wrote: "Their humanistic size represents a rejection of modernist monumental synthesis."[6]

3 Recent works

For a long time now, Oriental philosophers have been teaching us that the only thing constant in the world is change. Everything evolves. A certain form today gives origin later to another, whether organic or inorganic. Instability is, it seems, reality's only reliable rule. Within this context come the recent *Theories of Chaos* which hearken back to authors such as Fritjof Capra and his classic *The Tao of Physics.*[7]

The surprising happenings in the world today and the generalized process of acceleration and of "overheating" generated by new indexes in cybernetics, computers and, more generally speaking, in techno-science, as well as new ways of transmitting information – within a kind of effect of *excess of history* (not so much the *end of history* as some would hold) – give us the sometimes-tragic image of this very process. Everything changes and the direction of such change does not have any index of predictability. On the contrary, it seems to drift or curve at the whim of catastrophes which let loose ever-new configurations of this *excess of reality* which is today the scenery of our day-to-day lives.

fascinante. Articula-se na demonstração da fragilidade das relações estabelecidas pelos elementos que entre si inesperadamente se conjugam (como a máquina de costura e o guarda chuva sobre uma mesa de dissecação de que falava Lautréamont) e sugere, através do seu humor surpreendente de eco neo-dadaísta, uma espécie de cumplicidade dos objectos no momento dos seus encontros fortuitos.

O *excesso de realidade* de que participam e que reportam nos seus encontros é a revelação desse sentido catastrófico do acontecimento que nos dá o conhecimento do nosso estado de mutantes. Diante destas obras, e na hipótese de as conseguirmos compreender naquilo que mais amplamente implicam, somos levados a fazer face a essa condição que em nós persiste de seres em mutação. Assim se compreende obras como "Spirit Note", 1988 ou "Cutting Tools", 1989.

Os objectos convivem em relações de instabilidade entre o humor e o terror, numa espécie de parafrenália de efeitos de comunicação que se neutralizam entre si ou que potenciam o conjunto numa espécie de *acontecimento-limite* que é a própria obra no seu grau último de instabilidade, não tanto entendida enquanto *forma*, na acepção tradicional, mas enquanto *força*, ou seja, como o ponto último onde é possível registar ainda o equilíbrio e o repouso no coração do caos. É o caso exemplar de "Above the Wall of Electrocution", 1989.

Esses encontros dos objectos – cuja raiz neo-dadaísta não deixa de evocar certos momentos e pressupostos da obra de um John Cage ou que homenageiam Duchamp (em obras como "Kissing Racks" por exemplo) – têm a seu favor um imenso, irredutível humor.

Os notáveis desenhos que os preparam têm a memória do rigor das máquinas de Leonardo e significam algo que lembra a imponderabilidade esquizóide de um Lindner – nos termos em que Deleuze e Guattari a estudaram[8] — nas suas mecânicas para nada: veja-se, entre outros possíveis paradigmas, "Study for a Murder in Hawaiian Shirts" e ter-se-á a medida desse humor e dessa espécie de premeditação que é o traço ou a marca subliminarmente conceptual de todo este trabalho que existe nas margens do desequilíbrio.

O seu humor decorre afinal disso mesmo. Dessa espécie de *mise-à-nu* premeditada da sua encenação futura: do modo como ela é calculada.

Artists and works of art have been warning us for a long time about our need to remain attentive to this rhythm of constant change, to the acceleration of transformations, to the density of reality and to the emergence of its excess in the process of happening.

The work of Dennis Oppenheim has, within this context, the reach of a true manifesto. It suggests in a way more exemplary than others the point of instability (or catastrophe) in which reality reveals itself in its most unexpected and fascinating dimensions. It comes out in the demonstration of the fragility of the relationships established by the various elements unexpectedly brought together (such as the sewing machine and the umbrella on the dissection table which Lautreámont spoke about). And it suggests through its surprising humor (with a neo-Dadaist echo) a kind of complicity of objects in the instant of their fortuitous encounter.

The *excess of reality* in which they participate and which they achieve in their encounters is the revelation of the catastrophic meaning of that happening which gives us an understanding of our own state of being mutants. In front of these works, and in the event of being able to understand in them what they most fully imply, we are made to face that condition persisting in us of beings in mutation. In this way can be understood works such as "Spirit Note," from 1988, and "Cutting Tools," from 1989.

The objects live together in relations of instability somewhere between humor and terror, in a kind of flux of communicative effects which neutralize one another or which give power to the group in a kind of *limit-happening*, which is the work itself at its highest level of instability, not so much understood as a *form*, in the traditional sense, but rather as a *force*, that is to say, as the final point where it is possible to still register both the equilibrium and the rest inside the heart of chaos. The best example of this is "Above the Wall of Electrocution," from 1989.

These encounters between objects – whose neo-Dadaist roots cannot help but evoke certain moments and postulates in the work of John Cage or which paid homage to Duchamp (in works such as "Kissing Racks") – have a great, irreducible humor going for them.

Que os objectos que se olham possam recorrer a fragmentos do nosso conhecimento quotidiano numa espécie de reciclagem ecológica dos objectos urbanos, é sinal ao mesmo tempo de uma poética contemporânea do *objet-trouvé* (que desde o *ready-made* duchampeano não cessou de se manifestar e que é traço recorrente de toda a sua obra como acima se viu) e de um *tomar o partido das coisas* (e da própria matéria), para usar a expressão de Francis Ponge, na sua potencialidade. Como no excesso performativo de um "Robocop" (tal como o conhecemos do cinema) em que se exalta a celebração das trocas de energia no seu movimento ilimitado.

Então, entre a obsessão e o humor, entre o rigor e o caos, as obras de Oppenheim comunicam-nos essa perpétua condição de excesso que é o próprio da realidade não como a vemos mas como ela se organiza em finas camadas de sentido que, na sua espessura *infra-mince*, como lhe chamou Duchamp, não conseguimos visualizar.

Sentidos não necessariamente contraditórios mas antes de múltipla direccionalidade, como pontos de fuga. Cada obra aparece-nos como um *diagnóstico hologramático* dessa espessura da realidade, dos encontros inesperados entre as coisas, que as palavras não chegam para enunciar.

Na potencialidade do seu delírio maquínico, estes objectos – a que gostaria de chamar *ready-makers* pelo modo como produzem constantemente intensidades e situações concretas quais *noivas duchampeanas* numa cidade eléctrica de ficção científica – transbordam a própria linguagem nos limites do seu dizível.

Assim se poderia dizer que evocam alguns textos de Beckett ou que por vezes se assemelham àqueles momentos em que a linguagem a si mesma se nega e se excede nos versos de Artaud dos últimos anos. Ruídos que querem testemunhar do próprio excesso que comunicam ou forças e conjuntos de forças que se movem, pulsam, vibram, num ritmo de alucinação que dá a medida exacta desse tipo novo de consciência da realidade que nos é contemporânea.

Como diria Duchamp, *graças à luz eléctrica...*

The noteworthy drawings which prepare the way for these works hearken back to the rigor of Leonardo's machines and mean something which recalls the schizoid imponderability of a Lindner – using the terms which Deleuze and Guattari used to study them[8] – in their useless mechanics: to take a look at – among other possible paradigms – "Study for a Murder in Hawaiian Shirts" is to understand the scope of this humor and of this kind of premeditation, which is the subliminally conceptual trace or mark of all of this work existing along the fringes of disequilibrium.

Its humor comes, in the end, from precisely this. From this kind of premeditated *mise-à-nu* of its future enactment – in the way it is all calculated.

That the objects viewed can refer to bits of our day-to-day knowledge in a kind of ecological recycling of urban objects is the sign at the same time of a contemporary and poetic use of the *objet-trouvé* (which since Duchampian *ready-made* has not stopped being produced and which is the recurring trace of all his work as seen above) and of a *being on the side of things* (and of matter itself) – to make use of the expression of Francis Ponge –, in all their potential. As in the performative excess of a "Robocop" (as we know him from the movies) in which the celebration of unlimited exchanges of energy are exalted.

And so, between obsession and humor, between rigor and chaos, the works of Oppenheim tell us about this perpetual condition of excess belonging to reality itself, not as we see it, but as it organizes itself in thin layers of meaning which – inside their *infra-mince* width, as Duchamp called it – we cannot visualize.

Meanings not necessarily contradictory but rather of multiple directionality, like vanishing points. Each work appears to us like a *hologramic diagnosis* of this thickness of reality, of the unexpected encounters between things, which words cannot express.

Within the potential of their mechanical delirium, these objects – which I would like to call ready-makers because of their way of constantly producing intensities and concrete situations, as if they were *Duchampian brides* in an electric city out of science fiction – go beyond language itself to the limits of the sayable.

In this way one could say that they evoke some works by Beckett or

1 Cf. nomeadamente Serge Guilbaut, *How New York Stole the Idea of Modern Art. Abstract Expressionism, Freedom and the Cold War*, trad. inglesa Arthur Goldhammer, ed. The University of Chicago Press, Chicago, 1985, e ainda Max Kolzloff, "American Painting during the Cold War" in *Artforum*, Maio, 1973, pp. 43-54, bem como Eva Cockcroft, "Abstract Expressionism: Weapon of the Cold War" in *Artforum*, Junho, 1974, pp. 39-41.

2 Veja-se, por exemplo, deste autor, a reunião dos seus ensaios em *Art and Culture*, ed. Beacon Press, Boston, 1961.

3 Por hipótese poder-se-ia de resto pensar que é neste sentido de uma especificidade que irão radicar, futuramente, as reflexões de Donald Judd em torno dos *specific objects*.

4 Veja-se, nomeadamente, *Art et existence*, ed. Kliencksieck, Paris, 1986.

5 Assinale-se, como tópico de reflexão, a importância dos títulos na obra do artista, o que o remete, sobretudo pela sua conotação de humor, para uma possível "tradição escondida" de referência surrealista, por um lado, mas que, por outro lado, o situa ainda mais exemplarmente no campo da arte conceptual.

6 Cf. *Dennis Oppenheim. Selected Works 1967-90*, editado por Alanna Heiss, Institute of Contemporary Art and Harry N. Abram Publishers, New York, 1992, p. 66.

7 Ver também R.G.H. Siu, *The Tao of Science*, ed. M.I.T. Press, Cambridge, Massachussets, 1957.

8 Cf. *O Anti-Édipo, Capitalismo e Esquizofrenia*, Trad. portuguesa Manuel Maria Carrilho, (2ª) ed. Assírio & Alvim, Lisboa, 1996.

that they sometimes are comparable to those moments in which language negates itself and surpasses itself in the verses of Artaud from his last few years. Noises which hope to witness the excess itself which they give us or the forces – or groups of forces – which move about, throb, vibrate, in a hallucinatory rhythm revealing the exact size of this new kind of consciousness of reality which we have today.

As Duchamp would say, *thanks to the electric light...*

1 See, for example, Serge Guilbaut, *How New York Stole the Idea of Modern Art. Abstract Expressionism, Freedom and the Cold War*, English translation by Arthur Goldhammer (University of Chicago Press, Chicago, 1985), and Max Kolzloff, "American Painting During the Cold War," *Artforum*, May 1973, pp. 43-54, as well as Eva Cockcroft, "Abstract Expressionism: Weapon of the Cold War," *Artforum*, June 1974, pp. 39-41.

2 See, for example, his collection of essays in *Art and Culture* (Beacon Press, Boston, 1961).

3 As a conjecture, it could be proposed that it is with this meaning of specificity that the reflections of Donald Judd around his *specific objects* will come to be based.

4 See, for example, *Art et existence* (Kliencksieck, Paris, 1986).

5 As a topic of reflection, note the importance of titles in the work of this artist, which moves him – above all, because of his sense of humor – toward a possible "hidden tradition" of Surrealism on the one hand, but which, on the other hand, places him even more specifically in the realm of conceptual art.

6 See *Dennis Oppenheim. Selected Works* 1967-90, edited by Alanna Heiss (Institute of Contemporary Art and Harry N. Abram Publishers, New York, 1992), p. 66.

7 See also *The Tao of Science*, R.G.H. Siu (M.I.T. Press, Cambridge, Mass., 1957).

8 See *O Anti-Édipo, Capitalismo e Esquizofrenia*, Portuguese translation by Manuel Maria Carrilho (Assírio & Alvim, Lisbon, 1996).

Uma Poesia do Diagnóstico ou a Neurologia Objectual de Dennis Oppenheim

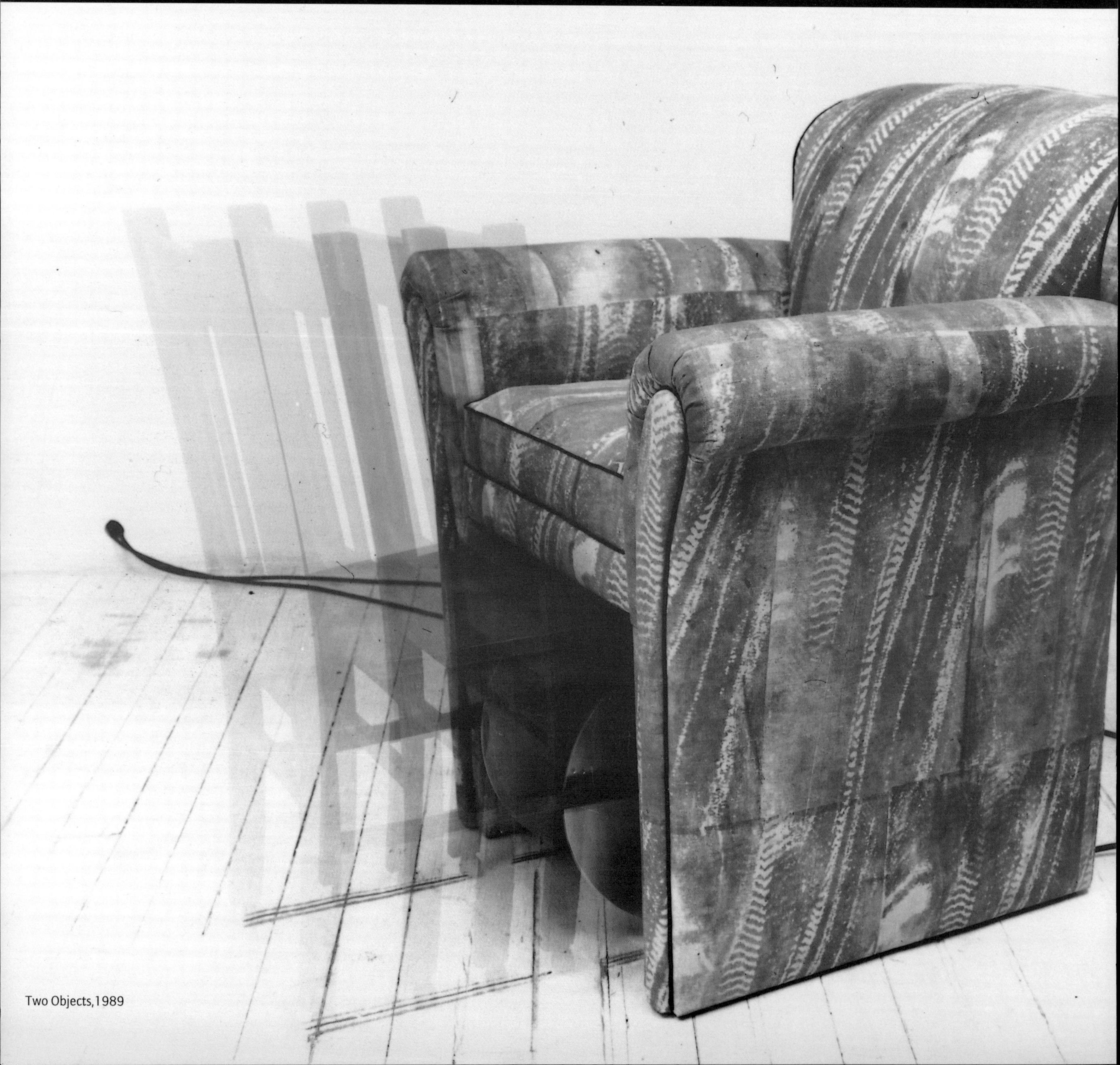

Two Objects, 1989

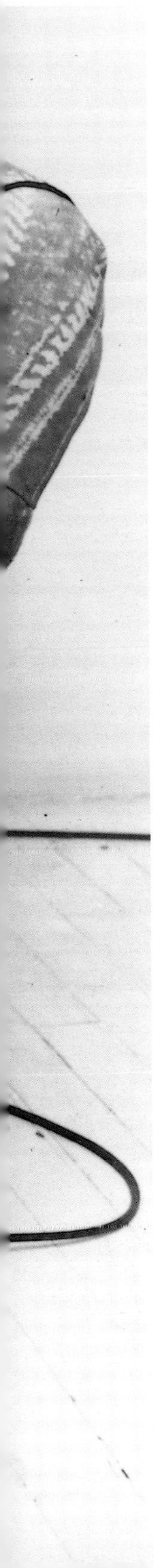

Uma Poesia do Diagnóstico ou a Neurologia Objectual de Dennis Oppenheim

A obra de Oppenheim não se apoia em nenhum complexo teórico determinado, mas nela encontramos um conjunto recorrente de imagens, metáforas e metonímias orientadoras da sua produção e simultaneamente encontramos atitudes subjacentes que conjugam o trágico e o cómico. Mas também estes aspectos parecem incertos: trata-se não tanto de imagens ou atitudes, mas mais de sugestões de imagens e atitudes — virtualidades faseadas que, na sua dubiedade, parecem ora miragens tremeluzentes sob o escaldante sol do deserto ou então experiências laboratoriais cuja instabilidade própria torna difícil discernir se estão a correr bem ou mal. Oppenheim não é o único artista especialmente atento à contingência poética (Vito Acconci e Bruce Nauman são outros artistas que rapidamente nos ocorrem); a poesia e a contingência são, afinal de contas, características fundamentais da irónica corrente de pensamento que tem vindo a conquistar proeminência mercê das teorias pós-modernas que repudiam todo e qualquer sistema equilibrado e fundacional. Mas o facto é que Oppenheim está há muito entre os membros mais visíveis e vitais da primeira geração de artistas a repudiar o pensamento e os materiais hegemónicos; o seu conceptualismo e a sua *Body Art* desafiaram com sucesso muitos dos fundamentos epistemológicos e utópicos da arte do século XX — particularmente aqueles que alcançam a sua máxima expressão ideológica e formal no Minimalismo. Contudo, são poucas as obras artísticas capazes de recusar as condições ontológicas e epistemológicas ou de desafiar as ordens convencionais e autocráticas do pensamento de um modo tão consistente e contundente como a obra de Oppenheim o vem fazendo. Não que Oppenheim apresente esta refutação como central à sua obra, mas ele retoma os traumas generalizados que abalam os mais arraigados mitos do Ocidente, num processo sempre renovado de detonação de ambiguidades.

Em lugar das funções e dos revestimentos racionais, críticos ou informativos de muita da arte de inspiração conceptual, Oppenheim oferece-nos a neurologia sem disfarce que subjaz a toda a arte e – por implicação – a todo o tipo de experiência e de pensamento. Nunca desde o

A Poesy of Diagnostics or the Object-Neurology of Dennis Oppenheim

There is no theory or foundation governing Dennis Oppenheim's work but there is a pattern of images, metaphors, and metonyms which recur and guide his production, just as there are underlying attitudes that mediate between the tragic and the comic. But these features too seem uncertain; they are not so much images and attitudes as they are suggestions of images and attitudes – phasing virtualities that, in their dubiety, appear to be quivering like mirages under the blistering desert sun or experiments in a lab that by virtue of their instability are difficult to discern as going well or wrong. Other artists share Oppenheim's concern with poetic contingency (Vito Acconci and Bruce Nauman come especially to mind); poesy and contingency, after all, are prime features of the ironic strain of thought that has gained prominence with

desenvolvimento do expressionismo pictórico um outro modelo dos nervos humanos, da neurologia e da neurose, nos fora tão abertamente apresentado. Mas enquanto a neurologia do expressionismo traça, na pintura, o estatuto físico do indivíduo (do artista) e funciona como um símbolo da empatia do expressionista com uma natureza subjectiva e singular, o modelo que Oppenheim nos oferece desta neurologia instável revela-se através dos objectos de produção em massa, as inesgotáveis potencialidades e limitações do sistema nervoso colectivo materializadas em toda e qualquer produção cultural objectiva.

Os objectos que Oppenheim utiliza na sua obra são objectivos — ou são-no pelo menos antes de ele os escolher e integrar em híbridos tecnopoéticos - porque as suas funções são definidas por consenso e determinadas de acordo com princípios económicos demonstráveis tais como o consumismo pós-industrial. Os modos de produção pré-industrial e industrial são ainda essenciais à existência humana, mas até há bem pouco tempo pensava-se que ambos tinham sido subsumidos numa ordem civilizacional mais vasta, pós-industrial. Recentemente, contudo, a sociedade pós-industrial mostrou-se preocupada com as ameaças aos seus sistemas de suporte pré-industriais e industriais: os fornecimentos de petróleo ameaçados pelas crises no Médio Oriente; os riscos iminentes do aquecimento global devido à escassez de madeira e à erradicação sistemática das florestas tropicais do mundo; as chuvas ácidas que destruíram colheitas e florestas no Sul do Canadá e Norte dos Estados Unidos; o derretimento dos reactores nucleares em Three Mile Island e Chernobyl, desastres que sujeitaram a terra e a atmosfera a radiações; o desaparecimento por evaporação de lagos e ribeiros vitais para o Terceiro Mundo, em resultado do aquecimento global; a escassez de aterros sanitários, acompanhada pelo crescimento maciço de plásticos não-degradáveis. Foi entre este mal-estar ambiental que Oppenheim concebeu **Steam Forest with Phantom Limbs** como um modelo perversamente divertido dos trágicos dilemas colocados à existência pela exigência industrial de consumo material. Em lugar de uma árvore com ramos, Oppenheim enfeitou um falso tronco de árvore com chapas eléctricas portáteis submergidas em recipientes de vidro cheios de água; a

postmodern theories disavowing commensurate and foundational systems. But then Oppenheim has long been among the most visible and vital members of the first generation of artists to repudiate hegemonic thought and materials; his conceptualism and body art successfully challenged many of the epistemological and utopian foundations of 20th Century art – particularly those reaching their ideological and formal zeniths in Minimalism. Yet few artistic oeuvres can be seen as refuting ontological and epistemological conditions or challenging conventional, autocratic orders of thought as consistently and pointedly as Oppenheim's. Not that Oppenheim advances this refutation as central to his work but he does model the widespread traumas that jolt the West's most entrenched myths with newly detonated ambiguities.

In place of the rational, critical, or informational functions and overlay of most conceptually derived art, Oppenheim offers the bare neurology beneath art and – by implication – of all experience and thought. Not since the development of painterly expressionism has a model of human nerves, neurology or neurosis been so openly displayed. But whereas the neurology of expressionism traces the physical status of the individual (the artist) in paint and functions as a symbol of the expressionist's empathy with a singular and subjective nature, Oppenheim's model of an instable neurology is disclosed through the objects of mass production, the extended assets and flaws of the collective nervous system embodied in all objective cultural production.

The objects used by Oppenheim in his work are objective – or at least they are before he procures and assimilates them into technopoetic hybrids – for their functions are defined by consensus and produced according to demonstrable economic principles such as a post-industrial consumer demand. Both pre-industrial and industrial modes of production are still essential to human existence, but both were until recently thought to be subsumed in a larger, post-industrial equation for civilization. Recently, however, post-industrial society seemed preoccupied with the threats to its pre-industrial and industrial support systems: crises in the Middle East threatened oil

convergência do calor e da água provoca a formação de uma coluna de vapor na qual podemos imaginar os inexistentes ramos da árvore a estenderem-se. Esta hidro-materialização induz uma representação psicossomática, a utilização de alegorias espaciais em lugar de representações literais daquilo que não existe (nem nunca existiu) mas cuja ausência, através do poder da sugestão, é sentida pelas gerações presentes e futuras. Numa comunidade dependente da indústria, a ausência de recursos como as árvores provoca a ruína financeira e económica, levando a que essa comunidade sofra, sentindo a falta desses mesmos recursos através da projecção mental de representações das árvores das quais a prosperidade da comunidade antes dependia.

Mas Oppenheim também está preocupado com aquilo que esta analogia escultórica significa para o indivíduo a braços com o trauma desta mudança pós--industrial, particularmente para o aficionado cultural que sente que lhe é negada a segurança epistemológica da verdade científica e a garantia financeira da mercadoria moderna, elementos que eram tidos como seguros pelas anteriores gerações (modernas e pré-modernas). A arte de Oppenheim maximiza o valor sintomático da arte, oferecendo um diagnóstico da patologia social e dos riscos tecnológicos da civilização industrial e pós-industrial; mas ela indica também o modo como a arte gere e conduz as energias dos conteúdos sociais reprimidos, particularmente quando aquelas passagens são geopolíticas e económicas e surgem obstruídas pela negaçao. A arte pós-moderna surge como um alívio desta dilatação, uma redistribuição da pressão por saídas criativas capazes de impedir que as artérias sociais se rompam em pontos mais fundamentais. Neste sentido, a arte de Oppenheim retrata as desordens pessoais que resultam de um mais amplo descontentamento social e se manifestam em mutações das funções conscientes e inconscientes.

Talvez que as melhores analogias para a obra de Oppenheim sejam as desordens mentais e somáticas: fobias (**Thought Bones from Between the Fingers of Fear, Murder in Hawaiian Shirts**), tumores (**Liver with Pencils, Heart with Paper, Lungs with Brushes**), hipocondria (**Bad Cells are Comin'**), bulimia (**Hot Vomit Machine**), funções enfraquecidas (**Burnt Rainbow**), vertigem

supplies; global-warming impended with shortages of lumber and the systematic eradication of the world's rainforests; acid rain destroyed crops and forests in Southern Canada and the Northern U.S., melt-downs of nuclear cores irradiated the land and atmosphere surrounding Three Mile Island and Chernobyl; global warming evaporated life-giving lakes and streams in the Third World; land-fills diminished as the swelling supply of non-degradable plastic choked the environment. It is amidst such environmentally reflective malaise that Oppenheim conceived of STEAM FOREST WITH PHANTOM LIMBS as a perversely funny model of the tragic predicaments of simple existence complicated by the industrial demand for material consumption. In place of a tree with branches, Oppenheim outfits a faux tree trunk with hot-plates submerged in glass containers filled with water; the convergence of heat and water causes steam to rise in a column where the missing limbs can be imagined extending. This hydro materialization induces a psycho-somatic representing, a substitution of spatial allegories in place of literal representations of what is not (nor ever was) really there but by the power of suggestion is missed by present and future generations. In an industrially reliant community, an absence of resources like trees bring both financial and emotional ruin, and hence a given community suffers, feeling its loss by mentally projecting representations of the trees the community once depended on for its prosperity.

But Oppenheim is equally concerned with what this sculptural analogue means to the individual faced with the trauma of the post-industrial shift, particularly the cultural aficionado who finds s/he is denied the epistemological security of scientific truth and the financial guarantee of the modern commodity, both of which were presumed to exist by earlier (modern and pre-modern) generations. Oppenheim's art maximizes the symptomatic value of art, offering a diagnostics of societal pathology and technological hazards of industrial and post-industrial civilization; but it also indicates how art conducts the energies of repressed social contents, particularly when those passages are geopolitical and economic and are clogged by denial.

(Whirlpool), estupor catatónico **(Blackpool)**, epilepsia **(Tremor)**, múltipla personalidade **(Cutting Tools)**, esquizofrenia **(Collision Wake)**, alucinação **(Spirit Notes, Gypsum Gypsies)**, organismos invasivos **(Black Dog in Cage)** e uma vasta série de outros problemas que podem ser genética, ambiental ou culturalmente induzidos. Mas apesar destas inclinações patológicas, as analogias de Oppenheim nunca são opressivas; muito pelo contrário, são sombrios quadros cómicos sobre o mal-estar social e individual, catalisadores do riso sobre as nossas dificuldades físicas e psicológicas. E, contudo – quase como uma reflexão ulterior – garantem ainda a possibilidade de uma contemplação demorada das coisas, num mundo loucamente acelerado e agressivamente atacado por imagens e acontecimentos sociais.

Se a arte pós-industrial promove a visão de que a cultura foi esvaziada de qualquer singularidade material significativa, restam-nos as ideias e as suas quase infinitas combinações para dar nova vida aos sistemas estéticos e intelectuais. Oppenheim dá, assim, corpo à ideia de que, perante a aridez a que chegou a materialidade ocidental e a exaustão do consumismo, restam-nos unicamente as ideias para alimentar o nosso interesse pela arte, situação adversa para aqueles que prezam as velhas formas materiais ou suspiram nostalgicamente por uma arte de tempos anteriores como uma alternativa à nova hegemonia conceptual.

O sentimento de perda caracteriza também **Toe to Heel – Woman Trapped in a Man's Body**, só que aqui a perda não é sentida em relação a algo que antes existiu, mas a algo que nunca existiu, embora seja desesperadamente desejado. Esta é uma das marcas sócio-psicológicas da nossa sociedade pós-industrial, que um homem ou uma mulher se possam permitir investir uma tal ansiedade emocional nas representações mentais daquilo que ele ou ela não são, em lugar de representações daquilo que ele ou ela não têm mas precisam. O investimento de Oppenheim não é tanto na cartografia do desenvolvimento de uma civilização que se torna cada vez mais artificial e aparatosa em consequência do seu crescimento económico, nem na articulação de um léxico objectual das neuroses e psicoses dessa civilização, num sentido clínico; aquilo que parece evidente, contudo, é que os seus esboços objectuais materializam o mito da perda, a poesia da com-

Postmodern art is an alleviation of this swelling, a re-distribution of the pressure in creative outlets that prevent the social arteries of civilization from rupturing ominously in more fundamental venues. In this sense, Oppenheim's art depicts the personal disorders that arise from the larger social discontent and manifest in mutations of the unconscious and conscious functions.

Perhaps Oppenheim's work is best analogized by mental and somatic disorders: with phobias (THOUGHT BONES FROM BETWEEN THE FINGERS OF FEAR, MURDER IN HAWAIIAN SHIRTS), malignancies (LIVER WITH PENCILS, HEART WITH PAPER, LUNGS WITH BRUSHES), hypochondria (BAD CELLS ARE COMIN'), bulimia (HOT VOMIT MACHINE), impaired functions (BURNT RAINBOW), vertigo (WHIRLPOOL), catatonic stupor (BLACK POOL), epilepsy (TREMOR), multiple personality (CUTTING TOOLS), schizophrenia (COLLISION WAKE), hallucination (SPIRIT NOTES, GYPSUM GYPSIES), invasive organisms (BLACK DOG IN CAGE) and various other impairments that can be genetically, environmentally, and culturally induced. But despite their pathological inclinations, Oppenheim's analogies are never oppressive; rather, they are blackly comic tableaux about social and individual malaise, catalysts for laughter at our own physical and psychological predicaments. And yet they still offer – almost as an afterthought – a slow, extended contemplation of things in a madly accelerating world barraged aggressively by social events and images.

If post-industrial art promotes the view that culture has been depleted of significant material uniqueness, we have only ideas and their near-infinite combinations to invigorate aesthetic and intellectual systems. Oppenheim is thus modeling the view that with the desiccation of Western materiality and the exhaustion of consumerism, we have only mentality to sustain our interest in art, a condition that deprives those who cherish the old material forms or long nostalgically for an art of older times as an alternative to the new conceptual hegemony.

The feeling of loss also characterizes TOE TO HEEL – WOMAN TRAPPED IN A MAN'S BODY, only

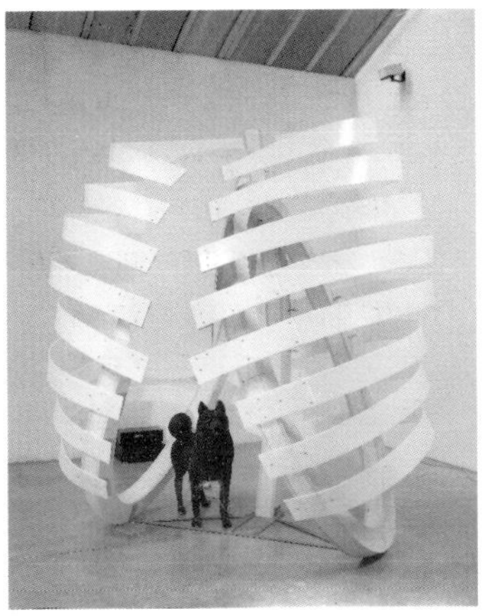

Black Dog in Cage, 1992

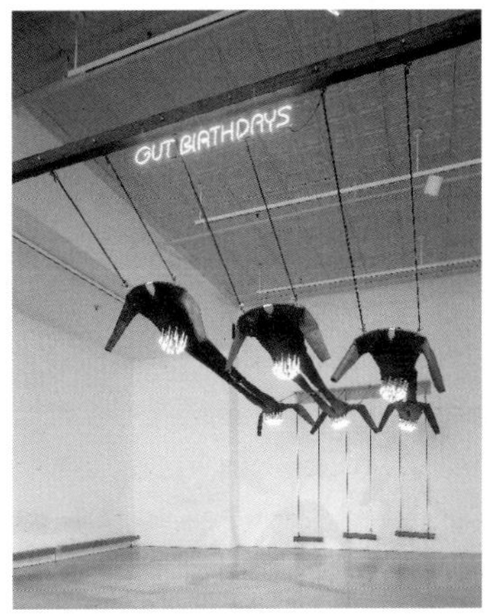

Gut Birthdays, 1992

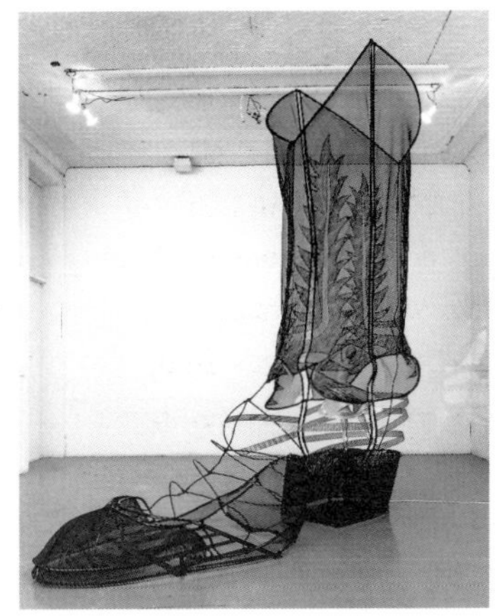

Toe to Heel, Woman Trapped in a man's body, 1990

here loss is not felt for something which once was but for something which never was yet is desperately desired. It is one of the socio-psychological marks of our post-industrial society that a man or woman can afford to invest emotional anxiety in mental representations of what s/he is not, rather than in representations of what s/he has not and yet needs. Oppenheim is not so much charting the development of a civilization which grows increasingly artificial and ostentatious as a result of its economic growth, nor is he articulating an object-lexicon of that civilization's neuroses and psychoses in the clinical sense; what is apparent, however, is that Oppenheim's object-vignettes materialize the myths of loss, the poesy of frustrated compensation, and the pathos of post-traumatic synthesis that captivates the post-industrial neurotic and psychotic (and may even preoccupy a great many individuals who – if they indeed exist – have satisfactorily integrated these factors).

This complex of fragile psychic contents and nervous energy is so charged in Oppenheim's work that we often mistakenly presume sculptures which are perfectly still are about to move, and when we find out that they do not, we resist their stasis and assert that they should be kinetic. ABOVE THE WALL OF ELECTROCUTION is one such work; FIGURE SKATING is another; both model human conditions of inconsolable loss, shock-induced denial, and the desire for compensation—neurotic tremors that rack our bodies and mentalities in the wake of violence and despair. In combining these psychological tremors with mesmerizing material vignettes, Oppenheim figuratively conjugates visual, material, and spatial "verbs" – sculptures animated by their association in psychological time even as they remain motionless in space-time. Given that Oppenheim parodies psychological shock with seemingly unsuitable and ridiculous metaphors and material means, he compounds the stress of inconsolable loss and the contorted efforts at compensation. Fabricated animal heads and inflated bodies clearly manufactured as gags or children's toys initially allude to unabashed glee rather than to the remorse of tragedy; but when the inflatable bodies are seen hanging from animal's snouts

pensação frustrada e o *pathos* da síntese pós-traumática que fascina o neurótico e o psicótico pós-industrial (e podem até mesmo preocupar um grande conjunto de indivíduos que – caso realmente existam – integraram estes factores de forma satisfatória).

O complexo de frágeis conteúdos psíquicos e de energia nervosa é tão carregado na obra de Oppenheim que acontece muitas vezes que esculturas perfeitamente imóveis nos parecem, erradamente, estarem prestes a mexer-se, e quando descobrimos que tal não vai acontecer, resistimos à sua imobilidade e afirmamos que elas deveriam ser cinéticas. **Above the Wall of Electrocution** é um desses trabalhos; **Figure Skating** é outro; ambos reflectem condições humanas de perda inconsolável, de uma recusa induzida pelo choque, e o desejo de compensação – tremores neuróticos que atormentam os nossos corpos e mentes quando estamos mergulhados nas águas da violência e do desespero. Ao combinar estes tremores psicológicos com esboços materiais hipnóticos, Oppenheim conjuga figurativamente "verbos" visuais, materiais e espaciais – esculturas animadas pela sua associação psico-temporal ainda que permaneçam imóveis em termos espácio-temporais. Parodiando o choque psicológico com metáforas e meios materiais aparentemente desajustados e ridículos, Oppenheim agrava a pressão da perda inconsolável e os desesperados esforços por obter compensação. Artefactos como cabeças de animais e corpos insuflados, claramente produzidos como objectos cómicos ou brinquedos de crianças, começam por aludir a uma satisfação desmedida mais do que ao remorso da tragédia; mas quando observamos esses corpos insuflados pendurados pelo focinho e pelos dentes num gancho de talho, tornamo-nos testemunhas de pouco mais do que uma organização de objectos fabricados e de um processamento de sugestões psicológicas que parodiam o abate animal, um facto bem real na nossa civilização.

De um modo semelhante, em **Figure Skating**, podemos permanecer indiferentes à conjugação de formas e objectos que sugerem uma multidão de patinadores artísticos. Mas depois de ouvirmos Oppenheim apresentar a sua obra como referindo-se ao massacre de oito milhões de pessoas pelos Nazis, alguns de nós podem sentir-se indignados – senão

and teeth which Oppenheim in turn hangs from a meat-rack, we are witness to little more than an organization of fabricated objects and a processing of psychological suggestions that parody an animal slaughter that is only too real in our civilization.

Similarly, in FIGURE SKATING, one might remain unmoved by the conjunction of shapes and objects suggesting a flurry of figure skaters. But upon hearing Oppenheim discuss the work as referring to the Nazi massacre of 8,000,000 people, some might become indignant – even outraged – until realizing that the apparent and inappropriate levity of the work corresponds in history with the banal festivities that all too often conceal a population's complicity with—and denial of—genocide. Thus, in interpreting Oppenheim's work, it makes sense to consider the widespread trauma resulting from a society's exposure to its own obscenity and the leveling revisions that ensue in that society's values. If FIGURE SKATING evokes the trauma of the international community as it uncovers the genocidal pathology underscoring nationalistic festivities and contrived propaganda, VIBRATING DOLLS can be poetically annexed even more easily to the widespread shock expressed by the mass populace as it faces the cultural and biological consequences of the sexual revolution. Here Oppenheim alludes to our retrograde sublimations – and perhaps to the premature sexual orientation of children – with a trio of black Raggedy Ann and Andy dolls copulating to the motion of electrical sawalls, a particularly insightful conjunction of metaphors for the libidinous enlargement that accompanied Western industrial expansion in the last quarter-century. Of particular interest here is the black coloring of the dolls, considering that as art objects they are interjected before a predominantly white milieu. The equation of dolls to audience easily embodies the current racial equation whereby the integration of disenfranchised races has been arrested by a white, voyeuristic control. Oppenheim confronts "moral" standards of decency by posing the question: Can anything be more obscene than social inequity? In doing so he implicates the white patriarchal constituencies in America who lash

mesmo ultrajados – até se aperceberem que a aparente e desajustada leveza da obra corresponde historicamente às festividades banais que demasiadas vezes escondem a cumplicidade de uma população com o genocídio, chegando por vezes mesmo à sua negação. Daí que quando interpretamos a obra de Oppenheim é importante levarmos em conta o trauma generalizado que resulta da exposição de uma sociedade à sua própria obscenidade bem como as subsequentes revisões niveladoras nos valores dessa sociedade que daí decorrem. Se **Figure Skating** evoca o trauma da comunidade internacional ao mesmo tempo que denuncia a patologia genocida que subjaz às festividades nacionalistas e à propaganda forjada, as **Vibrating Dolls** podem, com mais facilidade ainda, ser poeticamente associadas ao generalizado choque expresso pela multidão confrontada com as consequências culturais e biológicas da revolução sexual. Aqui, Oppenheim alude às nossas sublimações retrógradas – e talvez à prematura orientação sexual das crianças – com um trio de bonecas de pano (as americanas *Raggedy Ann and Andy*) copulando ao ritmo de serras eléctricas, uma conjunção particularmente sugestiva de metáforas sobre a expansão libidinosa que acompanhou o desenvolvimento industrial do Ocidente neste último quarto de século. Particularmente interessante neste trabalho é a cor negra das bonecas, considerando que enquanto objectos artísticos elas se destinam a um meio predominantemente branco. A relação das bonecas com o público facilmente traduz a actual relação racial traduzida nas dificuldades que um controlo branco, *voyeuristico* tem colocado à integração das raças privadas de direitos cívicos. Oppenheim confronta padrões "morais" de decência colocando a questão: existirá alguma coisa mais obscena do que a injustiça social? Ao fazer isto, ele atinge os cidadãos brancos e patriarcais da América que atacam o sexo e o alegado relachamento dos valores morais na arte para desviar a atenção das ameaças sérias e reais que se colocam a uma democracia laboriosa que tem a responsabilidade de abranger os injustiçados.

Com tanta escuridão no mundo, e com tanta arte reflectindo essa mesma escuridão, a cultura pós-industrial está a ficar ulcerada, pelo menos nos seus centros globais. A geração que tem dominado a evolução cultural durante as três últi-

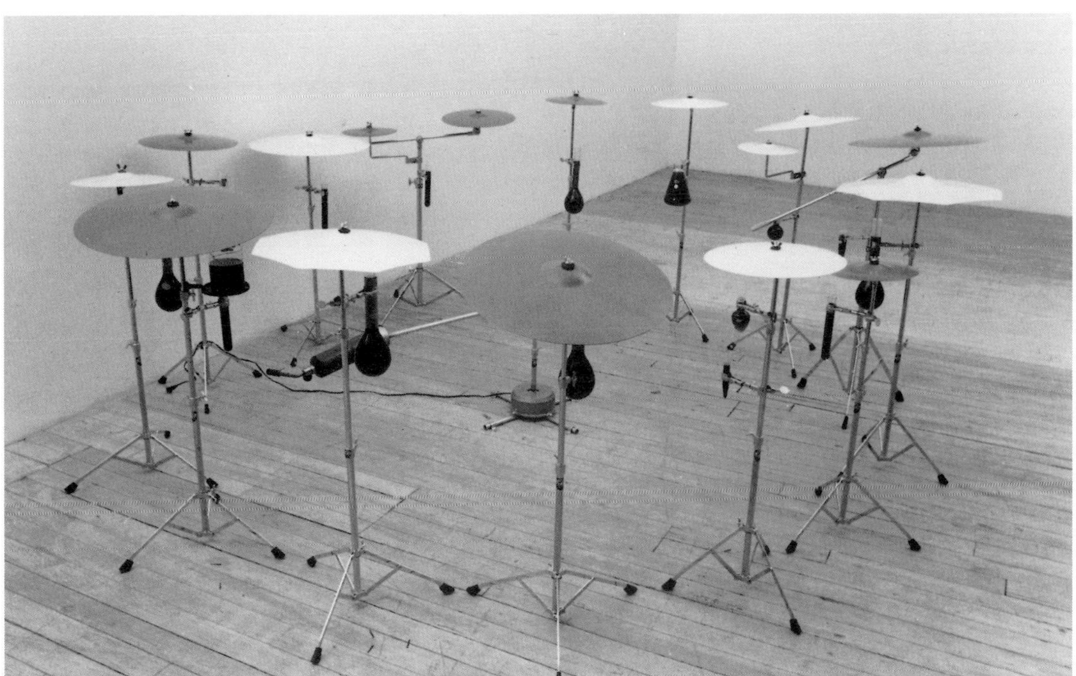

Bad cells are comin', 1989

mas décadas – os *baby-boomers* – está a começar a perder a sua capacidade de controlo. **Gut Birhdays** interpreta alegoricamente a crise dos *baby-boomers*, que negam o facto de se terem tornado os adultos corruptos e corruptíveis que quando jovens detestavam. Os fatos de mergulho de Oppenheim, esticados e suspensos como espectros sombrios do passado, do presente e do futuro, convidam a uma miríade de interpretações, mas a minha favorita associa os fatos de mergulho com os *U.S. Navy Seals*, os esquadrões paramilitares de elite conhecidos pelas suas "negras" operações secretas realizadas um pouco por todo o mundo. Esta interpretação lança as acusações de conspiração contra uma geração que já foi tão idílica a ponto de condenar as violentas conspirações entre os seus antecessores mas que, chegada à idade adulta, encara agora a realidade dos seus próprios insucessos, da sua própria humanidade.

Oppenheim sabe que existe uma necessidade urgente de leveza e de quietude. Razão pela qual uma obra como **Slow Clap for Satie** pode ser interpretada como um marco importante na sua obra, representando um regresso ao princípio aristotélico de que a função catártica da arte é uma das suas funções mais importantes. O aplauso lento, o movimento lento, o olhar lento, a leitura lenta, o ritmo lento: estas são as alternativas de Oppenheim para as muitas perdas da pós-modernidade, particularmente a perda de auto-controlo. Em lugar de nos lamentarmos, somos instados a abrandar, a olhar, a ouvir, a apreciar, a respirar a um ritmo adequado a seres humanos em contemplativo repouso. Se Oppenheim recorre ao absurdo, ao sarcástico, ou ao tragicómico como uma espécie de Aristófanes pós-industrial com o objectivo de demorar ou prender a nossa atenção, é porque nos tornamos indiferentes ao choque do moderno e do científico e precisamos do tratamento curativo da poesia e do alívio cómico para apaziguar o mal-estar provocado pela desmedida exuberância cultural do modernismo e o seu igualmente trágico enfraquecimento em anos mais recentes.

out at sex and the alleged relaxation of moral values in art to distract from the real and serious threats to a working democracy which has the responsibility to embrace the disenfranchised.

With so much darkness in the world, and with so much art reflecting it, post-industrial culture is becoming ulcerated, at least in its global centers. The generations dominating cultural evolution for nearly three decades – the baby-boomers – is beginning to loose its hold. GUT BIRTHDAYS allegorizes the crisis of the baby-boomers as they act out their denial that they have become the corrupt and corruptible adults which as youth they detested. Oppenheim's black wet suits, stretched and suspended like shadow specters of the past, present and future invite a myriad of interpretations, but my favourite associates the wet suits with U.S. Navy Seals, the elite paramilitary squadrons known for their covert "black" operations around the world. Such an interpretation levels conspiracy charges against a generation that once was so idyllic as to condemn the rampant conspiracies among its elders but which, in middle age, now faces the reality of its own failures, its own humanity.

Oppenheim understands that there is an urgent need for levity and quietude. And so a work like SLOW CLAP FOR SATIE can be interpreted as Oppenheim's milestone, modeling a return to the Aristotelian principle that art's cathartic function is among its most valuable. The slow clap, the slow turn, the slow gaze, the slow read, the slow rhythm: these are Oppenheim's alternatives to the postmodern loss, particularly the loss of self-control. Rather than mourn, we are urged to slow down, to look, to listen, to appreciate, to breathe at a pace befitting humans in contemplative repose. If Oppenheim resorts to the absurd, the sardonic, or the tragi-comic like a post-industrial Aristophanes to slow or arrest our attention, it is because we have grown numb to the shock of the modern and scientific and require the curative treatment of poetry and comic relief to ease the malaise provoked by the enormous cultural over-growth of modernism and its equally drastic abatement in recent years.

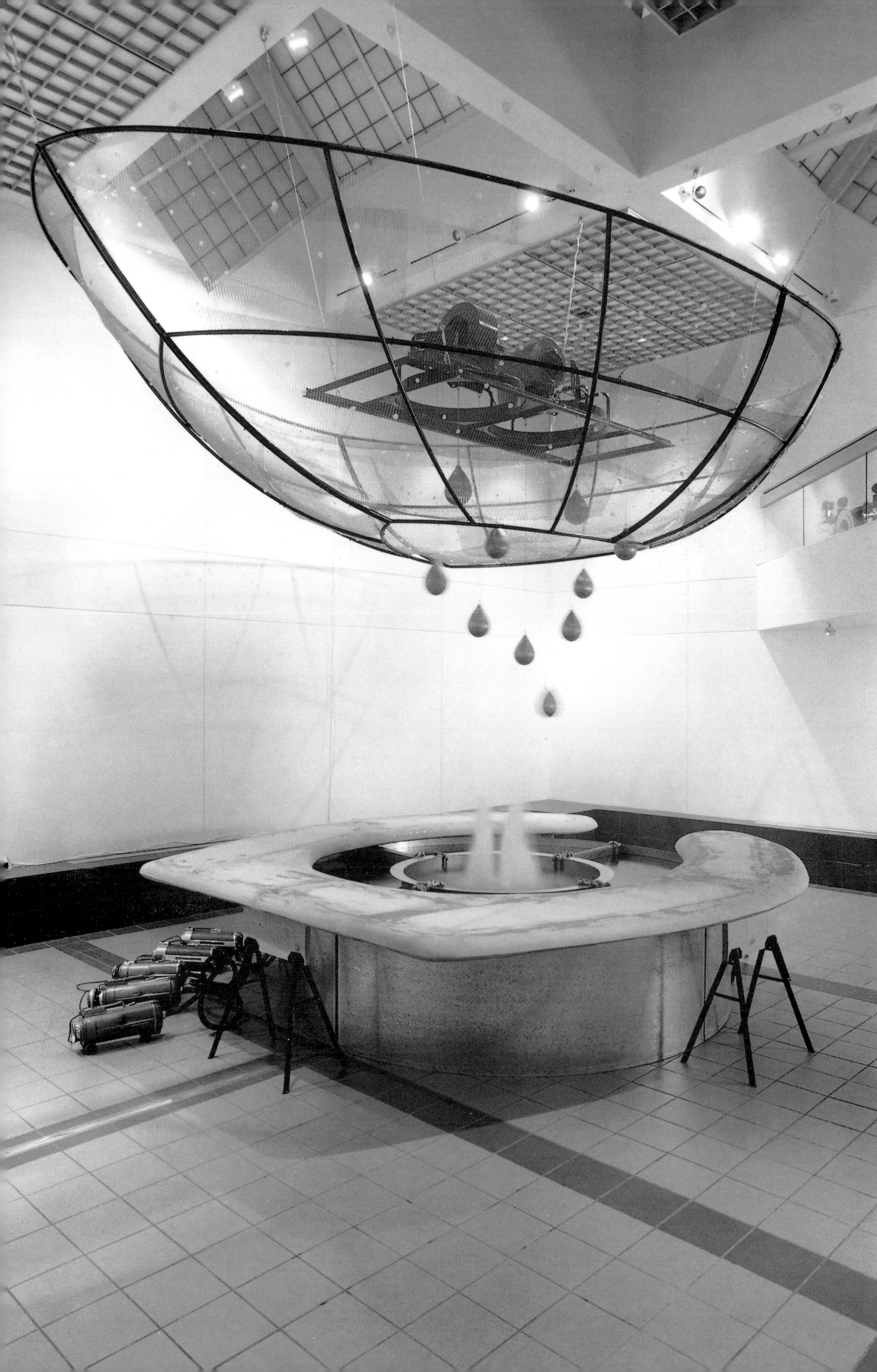

Silver Tears, 1995

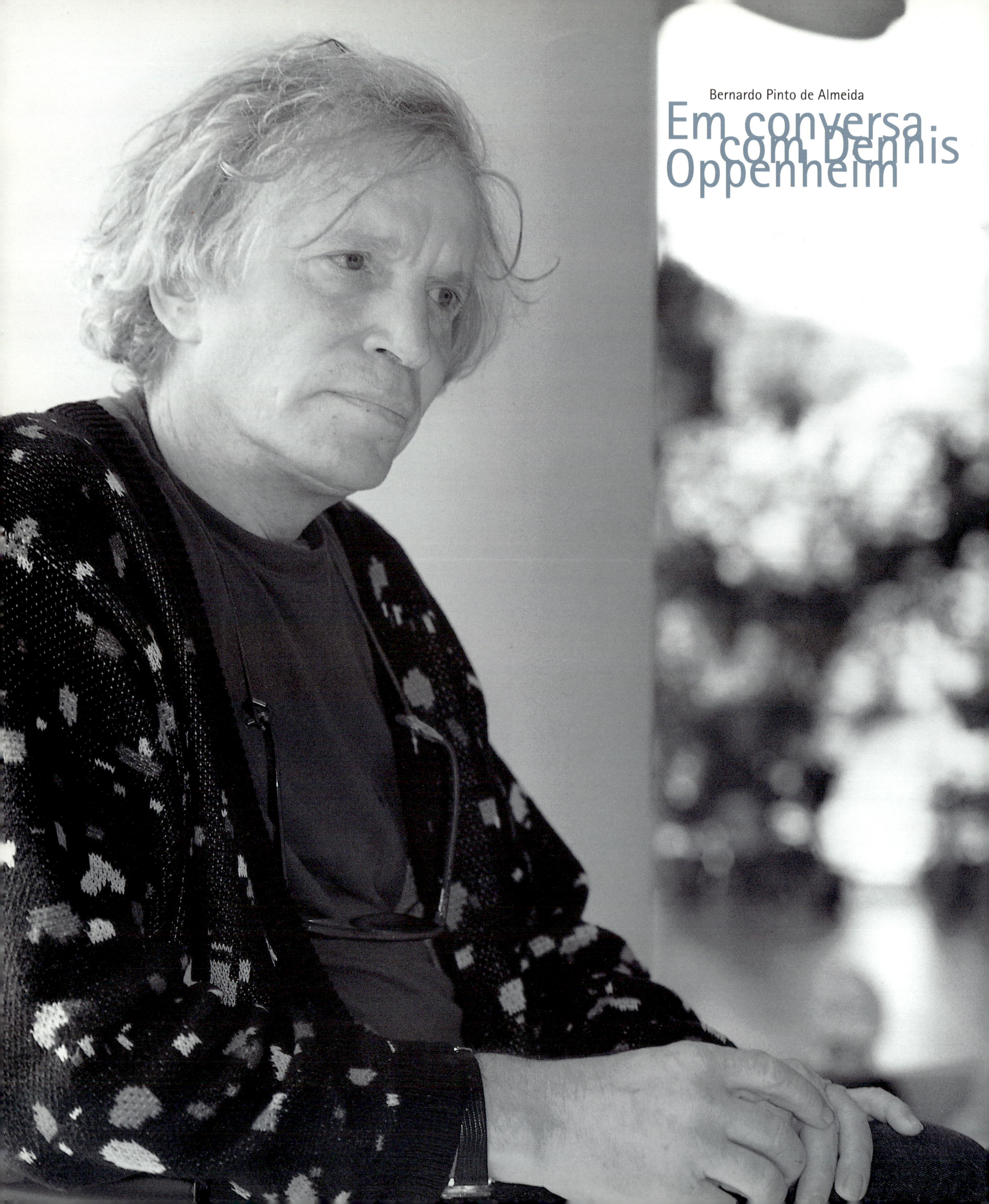

Bernardo Pinto de Almeida

Em conversa com Dennis Oppenheim

Bernardo Pinto de Almeida – No início da sua carreira, sentia alguma proximidade com os temas explorados por Clement Greenberg?

Dennis Oppenheim – Iniciei os meus estudos de pós-graduação em 1964, na Universidade de Stanford, Califórnia, onde fiz um mestrado em artes plásticas. Nessa altura, o meu trabalho interessava-se pela teoria, mas numa perspectiva que se afastava dos artistas mais próximos das ideias de Clement Greenberg. Greenberg era contra o Minimalismo e, ainda mais intensamente, contra o Conceptualismo. Dir-se-ia que ele estava unicamente preocupado com uma orientação clássica, puramente visual, a chamada relação retiniana com a arte. Essa orientação não me despertava grande interesse, por contraste com aquilo que se passava com a via conceptual, iniciada por Robert Smithson e outros.

Qual era a cena artística dominante em Nova Iorque no final dos anos 60?

Bem, a cena artística que emergiu no final dos anos 60 era, ou melhor, o trabalho verdadeiramente inovador surgiu no domínio da arte conceptual. Contudo, o Minimalismo era ainda muito forte e tinha uma grande base de sustentação, sobretudo em termos teóricos. Os críticos estavam muito interessados na relação do Minimalismo com os trabalhos anteriores – que eram mais relacionais, mais emocionais e arbitrários. Mas o Minimalismo começou a dar lugar ao Conceptualismo, mais interessado na linguagem e na forma desmaterializada do que nos resultados formais. Em 1969, o Conceptualismo era já a cena artística dominante na América, na Itália e na Alemanha, onde surgia dominado pela obra de Joseph Beuys. Ramificou-se e daí surgiram algumas subdivisões. Estas novas vias eram sobretudo a arte anti-formal ou processual e a arte baseada na linguagem. Alguns artistas, incluindo Bruce Nauman, desenvolveram alguns trabalhos na área do cinema, do vídeo e da *performance*, áreas de interesse muito diferentes mas com preocupações comuns.

Sentia-se próximo de artistas como Vito Acconci, Robert Smithson, Bruce Nauman, ou outros? Tratou-se na realidade de uma geração ou não passou de um "sentimento comum" que pairava no ar?

No final dos anos 60 o mundo da arte era pequeno, comparado com o de hoje. Existiam poucos artistas. Para comprovar isto bastaria perguntar onde, em que restaurantes, bares ou outros locais, é que os artistas se encontravam. Nessa altura, os lugares não eram muitos. Se fizéssemos a mesma pergunta hoje, não saberíamos por onde começar para responder à questão. Actualmente, o mundo da arte está disperso e pluralizado. Na pequena comunidade do final dos anos 60, ainda se partilhavam os conhecimentos e os interesses. Os artistas sentiam

Bernardo Pinto de Almeida
In conversation with
Dennis Oppenheim

At the beginning of your work, did you feel any closeness to the thematic of Clement Greenberg's writings?

Dennis Oppenheim

I began graduate studies in 1964, at Stanford University in California, where I was pursuing a Master of Fine Art's Degree. At that point, my work was involved with theory, but the position steered away from the artists associated with Clement Greenberg's writings. Greenberg was opposed to Minimalism and, more strongly, to Conceptualism. It was felt that he was solely engaged with a classical, purely visual orientation, or so-called retinal relationship to art. This orientation was not interesting by contrast to what was happening with the Conceptual position, created by Robert Smithson and others.

What was the dominant art scene in New York in the late 60's?

Well, the emerging art scene in the late 60's was, the cutting edge work was within the Conceptual art domain. However, Minimalism was still strong and had a lot of support, certainly theo-

curiosidade sobre a actividade desenvolvida pelos outros e as ideias que andavam no ar circulavam muito rapidamente. Contudo, nem todos os artistas viviam em Nova Iorque, daí que essa familiaridade não fosse igual à do clube artístico da cidade de Nova Iorque durante o Expressionismo Abstracto. Os artistas cujo trabalho se desenvolvia no âmbito do discurso do final dos anos 60 não sentiam essa necessidade de estarem em ligação directa uns com os outros. Os artistas trabalhavam de forma independente, e pelos seus próprios meios, de um modo desprendido, mas que podia ser encarado como parte de um diálogo múltiplo. A emergência de qualquer coisa que contribuísse para esse diálogo era certamente levada em conta.

Os termos *Earth Art* e *Body Art* ainda têm algum significado para si?

Os termos *Earth Art* e *Body Art* cobrem uma actividade intensa e variada que, desde o seu aparecimento, tem exercido uma enorme influência. Penso que durante esse período se fizeram grandes descobertas, que ainda agora são objecto de reflexão para artistas mais jovens. Quanto mais não seja pela distância, o período parece interessante aos olhos dos mais jovens. Aqueles que percorreram esta distância, é natural que se sintam atraídos pela regeneração das memórias da génese daquilo que se tornou substancial e histórico. Para mim, esses termos prendem-se com transições que tiveram lugar na música *jazz*, ou com a passagem do *vaudeville* para outro tipo de comédia, ou com os efeitos do *rock'n'roll*, que elevou a temperatura musical a níveis inéditos. Quando analisamos aquilo que ficou tão para atrás, sentimo-nos tentados a questionar a duração da actividade. Alguns artistas continuam a trabalhar na mesma área em que já trabalhavam há vinte e cinco, trinta anos. Esses artistas podem calmamente apropriar-se da sua obra, e avançar ritmicamente, explorar e desenvolver o seu trabalho durante longos períodos de tempo. Outros artistas acham que lhes é impossível continuar a mesma tendência e estão sempre em busca de caminhos alternativos, intervenções que conduzam a um outro percurso.

A cena artística europeia dos anos 70 despertava-lhe algum interesse?

A cena artística na Europa tornou-se interessante no final dos anos 60. É claro que a *Arte Povera* em Itália e o trabalho de Beuys na Alemanha interessavam os artistas americanos. Na Holanda e em Inglaterra também se desenvolviam alguns trabalhos interessantes, que faziam parte do Conceptualismo num sentido mais

retically. Critics were interested in the relationship of Minimalism to the works done prior, which were more relational, more emotional and arbitrary. But, Minimalism started to give way to Conceptualism which was more involved with language and de-materialized form, rather than with formal results. By 1969, it was pretty much the dominant art scene in America, Italy and Germany, where it was dominated by the work of Joseph Beuys. It branched out and subdivisions were formed. These were mainly anti-form or process art and the language based art. Film, video and performance work was carried out by artists including Bruce Nauman, who were quite distinct yet shared areas of interest.

How close were you to artists such as Vito Acconci, Robert Smithson, Bruce Nauman or others? Was it really a generation or just a "common feeling" in the air?

In the late 60's the art world was small, compared to what it is today. Artists were few in number. One could test this by asking where, in what restaurants, bars or other locations, do artists meet? At that time, one could name only a few places; if asked today, one wouldn't know where to begin to answer the question. Today, the art world is dispersed and pluralized. In the small community of the late 60's, knowledge and interests were shared. Artists were curious about each other's

lato, nomeadamente o trabalho na área da arte processual e da *performance*. Sim, eu diria que a cena artística europeia foi objecto da minha atenção a partir de finais dos anos 60. Ela suscitava um interesse considerável, mas a atenção dos artistas americanos voltava-se sobretudo para os artistas americanos.

Quais são os artistas ou as tendências que lhe interessam na arte americana contemporânea?

Continuo muito interessado no trabalho dos artistas que emergiram durante os anos 60, ainda que eles possam não ter evoluído de um modo suficientemente dinâmico, à altura dessa fase inicial da descoberta da arte. Alguns tiveram uma maior visibilidade nesse período; hoje, permanecemos atentos à capacidade da sua obra para reagir à passagem do tempo, de sobreviver ao chamado teste do tempo. Podem ter entrado no contexto museológico e na corrente cultural de uma forma consensual, mas esse consenso não é necessariamente sinónimo de domínio absoluto ou de sucesso. Algumas das suas obras podem ter penetrado nessa corrente com relativa facilidade porque este ou aquele trabalho representa uma tendência central, por sua vez representada pelo próprio artista, tornando-se assim a sua imagem de marca. Sinto-me muito mais inclinado a apoiar a actividade idiossincrática dos artistas, porque é menos suspeita de uma orquestração calculada e estratégica. Este é um modo de funcionamento do mundo da arte que torna a arte fácil de digerir. Sinto-me, por isso, mais inclinado a apoiar os indivíduos que não procuram as galerias e os museus.

Ainda acredita na possibilidade de fazer sair a arte das galerias e dos museus levando-a para outros locais?

O impulso de fazer isso, sentido no final dos anos 60, resultou do reconhecimento de que o mundo da arte era uma área muito conservadora; a arena era a galeria e/ou o museu. A reacção a esta estrutura formal tomou a forma da desconstrução, da desmaterialização do objecto, estratégias que conduziram, entre outras coisas, à emergência da *performance*. Quero com isto dizer que um artista pode não se sentir estimulado pela concha protectora de uma galeria ou de um museu. Existe também o aspecto mercantil do mercado da arte que pode tornar esta arena desagradável na medida em que é necessária uma certa capacidade de compromisso para justificar a sujeição das obras a essa dimensão mercantil. Não se trata tanto de um impulso contra o lugar, como de um modo de subverter este sistema. Esta questão permite-nos ter uma perspectiva da psicologia de

activities and the tempo of what was in the air moved quickly. However, not all the artists lived in New York City, so the familiarity was not like the art club in New York City during Abstract Expressionism. For artists working within the late 60's discourse, there wasn't the same need to feel as if one had to connect directly. Artists were working independently, by their own locomotion in a detached manner that still registered within the multi-dialogue. The occurrence of that which played into the dialogue was certainly acknowledged.

Do the terms "Earth Art" and "Body Art" still mean anything to you?

The terms "Earth Art" and "Body Art" embody a great deal of activity which has since become influential. I think that there were real discoveries during the period, which even now are being meditated by younger artists. Simply by virtue of distance, the period would appear interesting to younger people. For those who have traversed this distance, the regeneration of memories of the genesis of what has since become substantial and historical is bound to be colorful. I think of these terms insofar as they relate to transitions which took place in jazz music, or from vaudeville to other comedy, or when rock 'n' roll shifted the temperature of music to a new domain. In analyzing that which is so far behind, one is inclined to question the duration of activity. Some artists have stayed within the area that they

cada artista e da sua capacidade de manter um determinado conjunto de convicções ao longo do tempo. Repetido uma e outra vez, aquilo que começara por ser uma descoberta pode deixar de garantir a satisfação provocada pela verdadeira descoberta. A obra corre o risco de se tornar uma paródia da ideia inicial. Penso que é uma aspiração de todos os artistas, a capacidade de iniciarem mais do que uma ideia ao longo da sua existência; mais do que uma aspiração, isto pode tornar-se um impulso irresistível. Mas como é que o artista que tem a capacidade de ser possuído por um trabalho radical consegue perpetuar esse trabalho no interior de um sistema, e em que medida é que essa atitude pode ser mantida durante períodos menos fertéis, isso é que já é questionável.

Thomas McEvilley referiu-se, a propósito da sua obra, a "uma dimensão humanística que representa a monumental síntese modernista". Acha legítimo utilizar um termo como "humanístico" aplicado à sua obra?

Li o ensaio de Thomas McEvilley com grande interesse, já há alguns anos. Não me lembro da sua afirmação sobre a monumental síntese modernista. Lamento já não me lembrar muito bem das suas palavras, mas, pegando na palavra "humanístico" e pensando nela em relação com a minha obra, penso que se aplica mais pacificamente e com mais acerto aos meus trabalhos mais recentes ou aos trabalhos destes dez últimos anos. Os meus primeiros trabalhos eram muito analíticos, com uma grande base teórica, o que os tornava de algum modo "frios". Recentemente, penso que se tem manifestado em mim uma tendência para tornar estes trabalhos mais "quentes", trazendo ao seu processo de construção aspectos pessoais e emocionais. Talvez seja isto aquilo a que McEvilley se refere. Desde 1988 que venho utilizando uma base introspectiva, interna, quase psicológica, para explorar os estados emocionais do artista, mesmo aqueles que se aproximam do patológico, incluindo tremores fisiológicos. Poderá dizer-se que escolho naturalmente o desconfortável, o problemático, e até, talvez, o mórbido. Como artista conheço bem estes fenómenos. Estou também muito ligado àquilo que encaro como um mundo fracturado, uma condição humana desmembrada, perdida, perturbada ou, mais uma vez, fracturada.

Em que medida consideraria Duchamp próximo dos nossos dias?

Duchamp continua a ter a mesma ressonância que teve inicialmente. Só no final dos anos 70 é que me demorei atentamente sobre a obra de Duchamp. Quando era um jovem artista, tal como acontece a muitos jovens artistas, iludi-me a mim próprio e furtei-me deliberadamente a qualquer influência dominante. A

were working in twenty five, or thirty years ago. These artists can calmly possess their work, and rhythmically forward, progress and evolve work over long periods of time. Other artists find it impossible to continue a trend and are always looking for paths of disjuncture, interventions leading to another course.

Did the European art scene of the 70's interest you?

The art scene in Europe became interesting in the late 60's. Certainly Arte Povera in Italy and the work of Beuys in Germany was of interest to American artists. There was also interesting work being done in Holland and England which was part of the broad Conceptual, namely process and performance work. So, I would answer that the European scene became interesting to me in the late 60's. There was considerable interest, but most of the American artist's attention was given to the American artists.

Which artists or trends do interest you in the contemporary American art?

I am still quite interested by the work of the artists who surfaced during the 60's, even though they may not have gone on to flourish in dynamic ways to match the earlier period of art discovery. Some were more visible at that time, and we are looking at the power of their work to sustain time, to survive the so-called test of time. They may have entered the museum context and

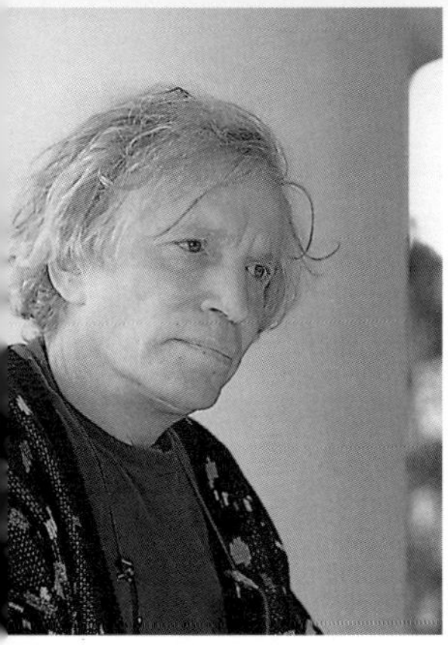

ignorância pode ser uma benção, sobretudo para um jovem artista que entra num determinado campo de influência. Quando se é ignorante, o nosso campo de descoberta parece mais genuíno, ainda que nos estejamos a enganar, desconhecendo que a obra é na realidade um produto derivado. Mas isto não é necessariamente mau. Dá ao jovem artista uma sensação de entusiasmo que pode ser semelhante àquela sentida pelo artista que esteve na origem da obra. Daí que também possa ser encarada como uma experiência, ainda que não seja verdadeiramente uma experiência de ruptura válida. Por outro lado, os artistas mais familiarizados com as conjunturas radicais do passado sentem-se muitas vezes paralisados, em lugar de se sentirem estimulados a avançar. A questão está em não deixar que a ignorância se torne a desculpa para a pretensa descoberta, mas, ao mesmo tempo, não ficar escravizado por linhagens do passado, inibidoras da possibilidade de se respirar o ar fresco, o oxigénio vital da génese.

Como vê o seu trabalho mais recente no contexto geral da sua obra desde o final dos anos 60?

Bom, essa é uma questão interessante. Quando comecei, tinha uma enorme consciência e seriedade, que espero ainda conservar. Contudo, essa seriedade inicial centrava-se no desejo de cumprir etapas, de me sentir relativamente seguro quanto à possibilidade de as minhas opções abrirem algumas portas à arte dos finais dos anos 60. Isto exigia uma dupla visão. Uma das visões era completamente aberta e exploratória. A outra visão preocupava-se com aquilo que poderia constituir uma atitude legítima, transcendental, em relação ao trabalho produzido antes. A obediência a esta metodologia foi sempre algo de evidente para mim, até à minha produção destes últimos dez ou quinze anos. A partir de então, os meus trabalhos passaram a confiar mais nos caprichos da evolução. Tentam fazer justiça às intrusões do mundo exterior e das tendências pessoais. Estas eram inibidas pelo meu anterior modo de funcionamento; o Conceptualismo queria estar fora do domínio da emoção ou mesmo da inspiração disciplinada. Pode, por isso, tratar-se simplesmente da visão de uma vida de portas fechadas, por detrás das quais estão descrições de nós próprios, as quais, uma vez abertas, revelam traços de identidade e de personalidade. Os sistemas de crenças eram reprimidos devido à convicção singular de que aquilo que se procura está a um nível que não deve ser perturbado pelo mundano e por aquilo que não merece a nossa confiança, como é o caso da substância pessoal, inspiradora e emocional.

cultural stream with uniformity, but this uniformity isn't necessarily a sign of absolute dominance or success. Their works may have entered the stream easily because the work represents a central tendency which the artist stands for, which becomes their signature work. I am much more inclined to support the idiosyncratic activity of artists, which is less suspect of orchestration by calculation and strategy. This is an operational mode of the art world which makes art easier to digest. So, I am more inclined to give support to individuals who don't prey to the gallery and museum system.

Do you still believe in bringing the art outside of galleries and museums to other places?

The urge to do this, which was felt in the late 60's, came along with the realization that the art world was a very conservative area; the arena being the gallery and/or museum. The reaction to this formal structure took the form of deconstruction, the dematerialization of the object, which precipitated performance and other activities. I mean, one might not be stimulated by the protective shield of a gallery or a museum. There is also the mercantile aspect of the art market which can make this arena unpleasant insofar as it takes considerable compromising to justify subjecting work to the mercantile aspect. The urge is not so much against place as it is subversive against this

system. This affords a view into the specific artists psyche and the ability to sustain a certain belief system over time. Practiced over and over, what was discovery might no longer provide the satisfaction initiated by the actual discovery. The work can become a parody of the initial idea. I think it's the hope of artists to be able to initiate more than one idea in a lifetime; more than a hope, this can become the overwhelming urge. But how the artist who has the ability to be possessed by radical work can perpetuate this work within a system, and the extent to which this position can be maintained during less fertile periods, is questionable.

Thomas McEvilley wrote about a "humanistic size representing... of modernist monumental synthesis" concerning your work. Do you think that we can use a term such as "humanistic" related to your work?

I read Thomas McEvilley's essay with great interest, some few years ago. I don't recall his statement in regard to modernistic monumental synthesis. I wish I was more familiar with what he said, but just to take the word "humanistic" and to think about it in relationship to my work, I would say it relates more evenly and in a more justified way to the recent work or the work of the last ten years. The early work was highly analytical with a strong theoretical basis, which made it somewhat "cold". More recently, there has been a greater tendency in me to make the work "warm", to draw personal and emotional fields within the making process. Perhaps this is what McEvilley is relating to. Since 1988, I have used an introspective, internal, quasi psychological basis to explore the emotional states of the artist, even those bordering on the pathological with physiological tremor as a component. It seems that I naturally select the uncomfortable, the problematic, and perhaps, the morbid. Certainly, I'm inside these phenomena as an artist. I am also engaged by what I perceive as fracture in the world, a human condition that is dismembered, lost, troubled or, again, fractured.

How close would you consider Duchamp to our days?

Duchamp still has the resonance that he initially had. I did not look closely at Duchamp until the late 70's. When I was a young artist, as young artists often do, I fooled myself or purposely put myself outside of any dominant influence. Ignorance can be bliss, for a young artist entering a field of influence. When you are ignorant, your field of discovery feels more genuine, even though you are misleading yourself by not knowing that the work is in fact derivative. But this is not necessarily bad. It gives a young artist a feeling of intoxication that may be similar to that felt by the originator. Therefore it qualifies as an experience, all be it, not truly, a experience of valid breakthrough. Artists, on the other hand, who are extremely familiar with the radical junctures of the past are often stymied by them, rather than propelled onward through them. The point is to, not let ignorance to become license for the pretense of discovery but at the same time, not to feel enslaved by lineages of the past so that you never experience the fresh air, or rich oxygen, of genesis.

How would you consider your recent work in the general context of your work since the late 60's?

Well, that is an interesting question. When I was starting out I was conscientious and had a seriousness, which I hope I still have. However, the early seriousness centered on the desire to cover bases, to feel relatively assured that my position was opening some doors to the art of the late 60's. This required a double vision; one vision was free open and explorative. The other vision was in respect to what would constitute a legitime, transcendental position in relationship to the work just prior. Obedience to this methodology was evident to me, until the work of the last ten or fifteen years. Since then, the work places more hope on the whim of evolution. It tries to be honest about intrusions from the outside world and personal tendencies. These were restricted by my prior operational mode; Conceptualism wanted to be outside the domain of emotionalism or even disciplined inspiration. So, it may simply be the view of a life of closing doors, behind which are descriptions of yourself which, if opened, would unleash identity and personality traits. Belief systems were closed off because of the singular belief that the pursued is on a level that should not be intruded by the mundane and the untrustworthy, as is given by personal, inspirational and emotional substance.

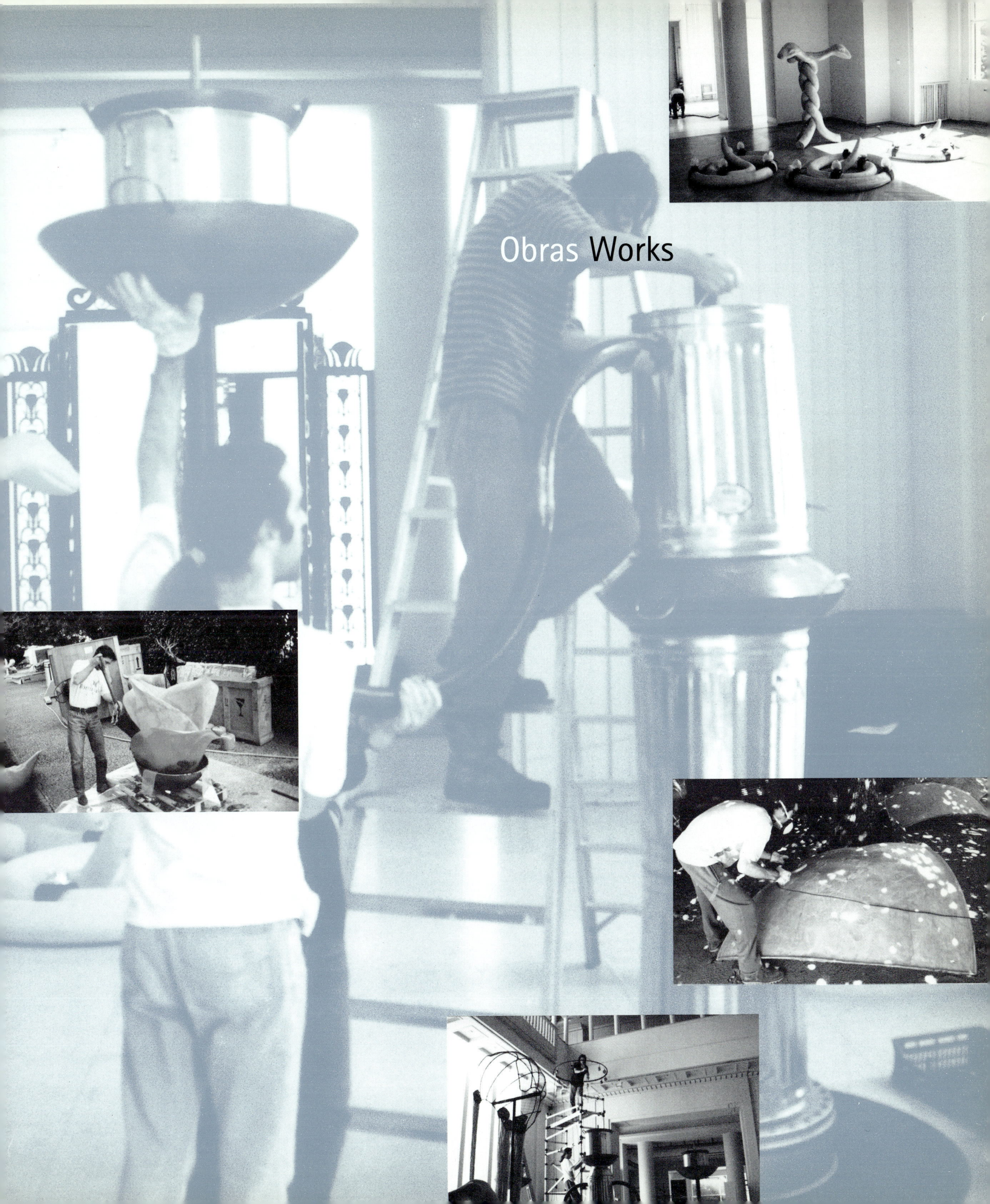

Obras Works

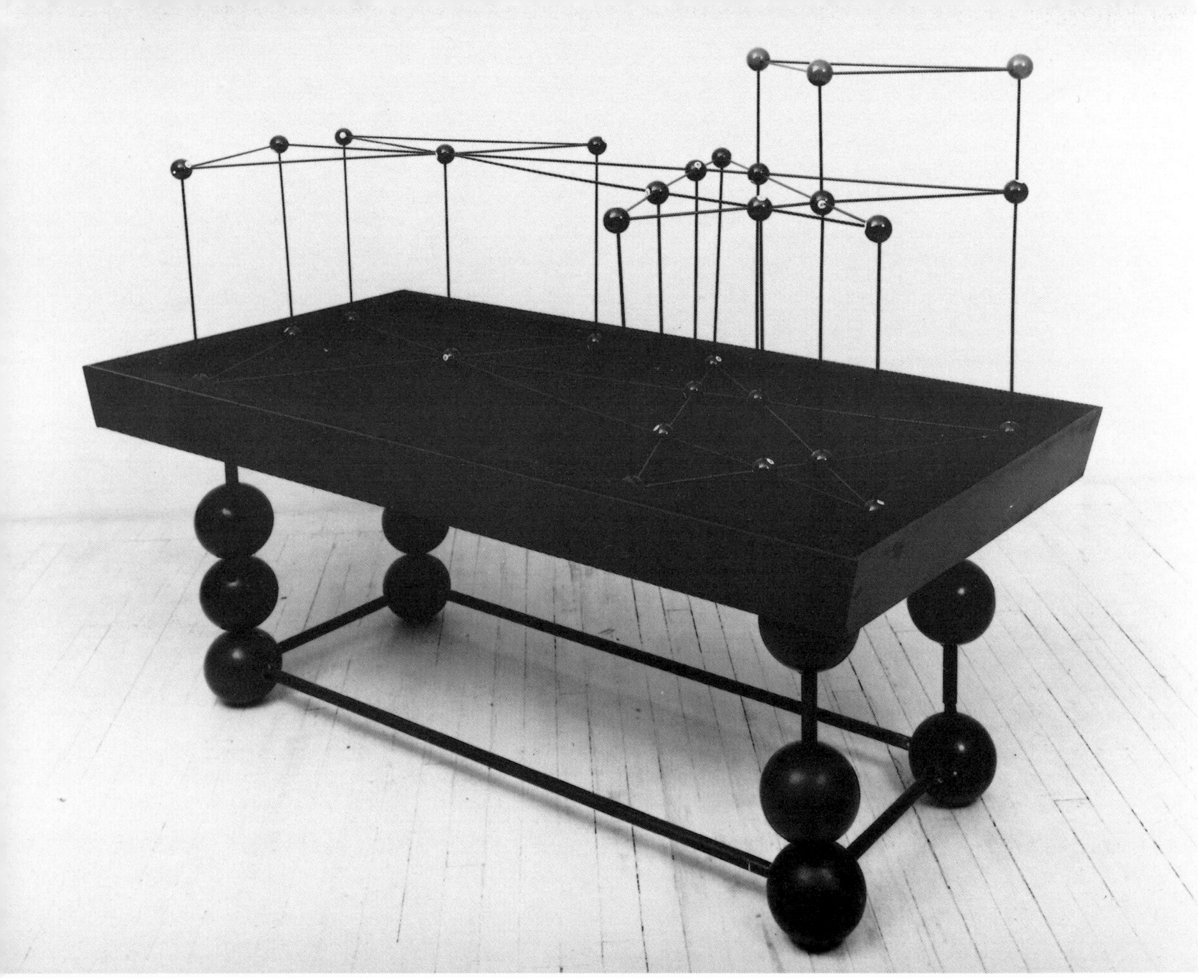

Em cima / *Above*
Black Pool, 1990
Em cima à direita / *Top Right*
Waffle Bone, 1988
Em baixo à direita / *Bottom* Right
Ghost Tantrums, Static Tremors, 1988

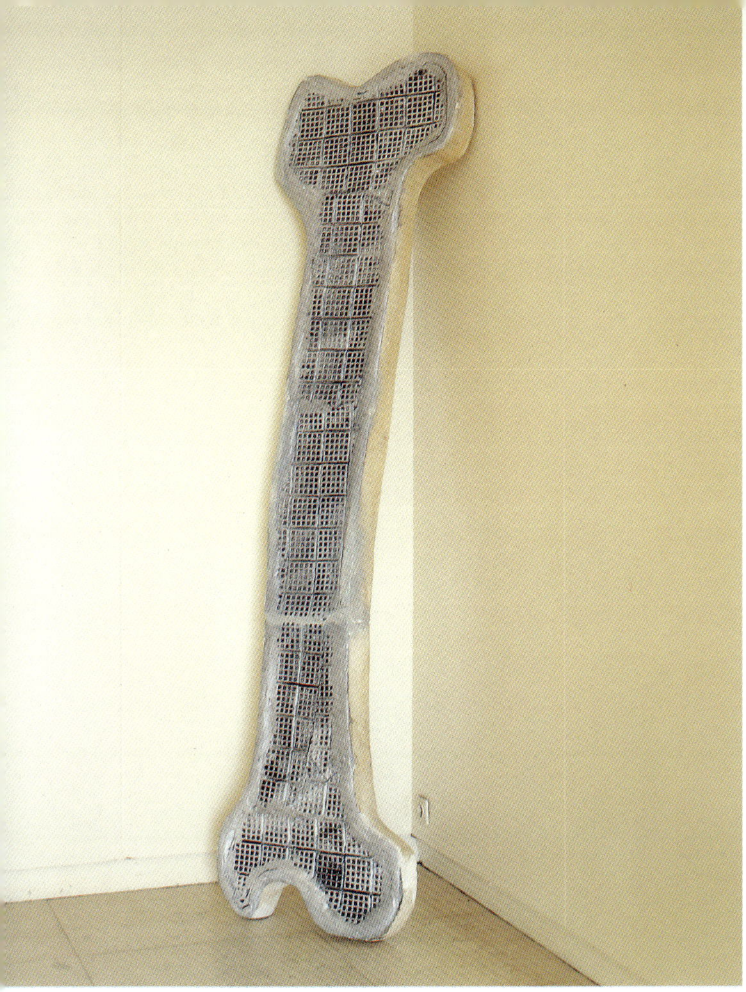

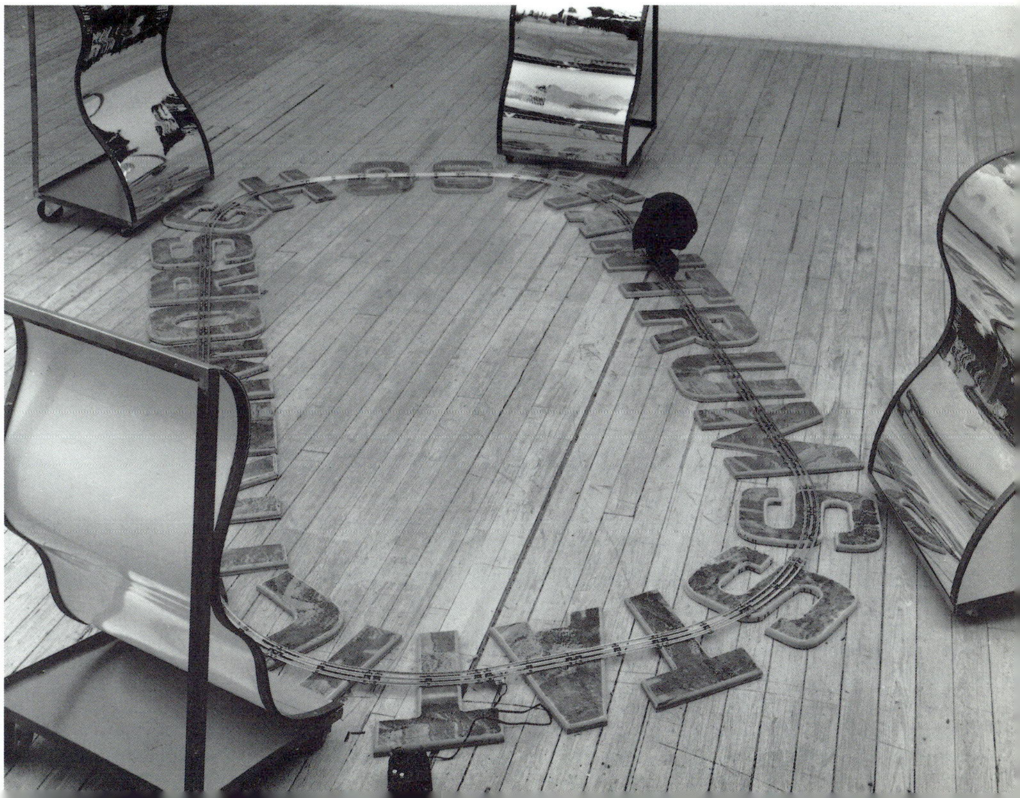

Blushing Machine, 1996

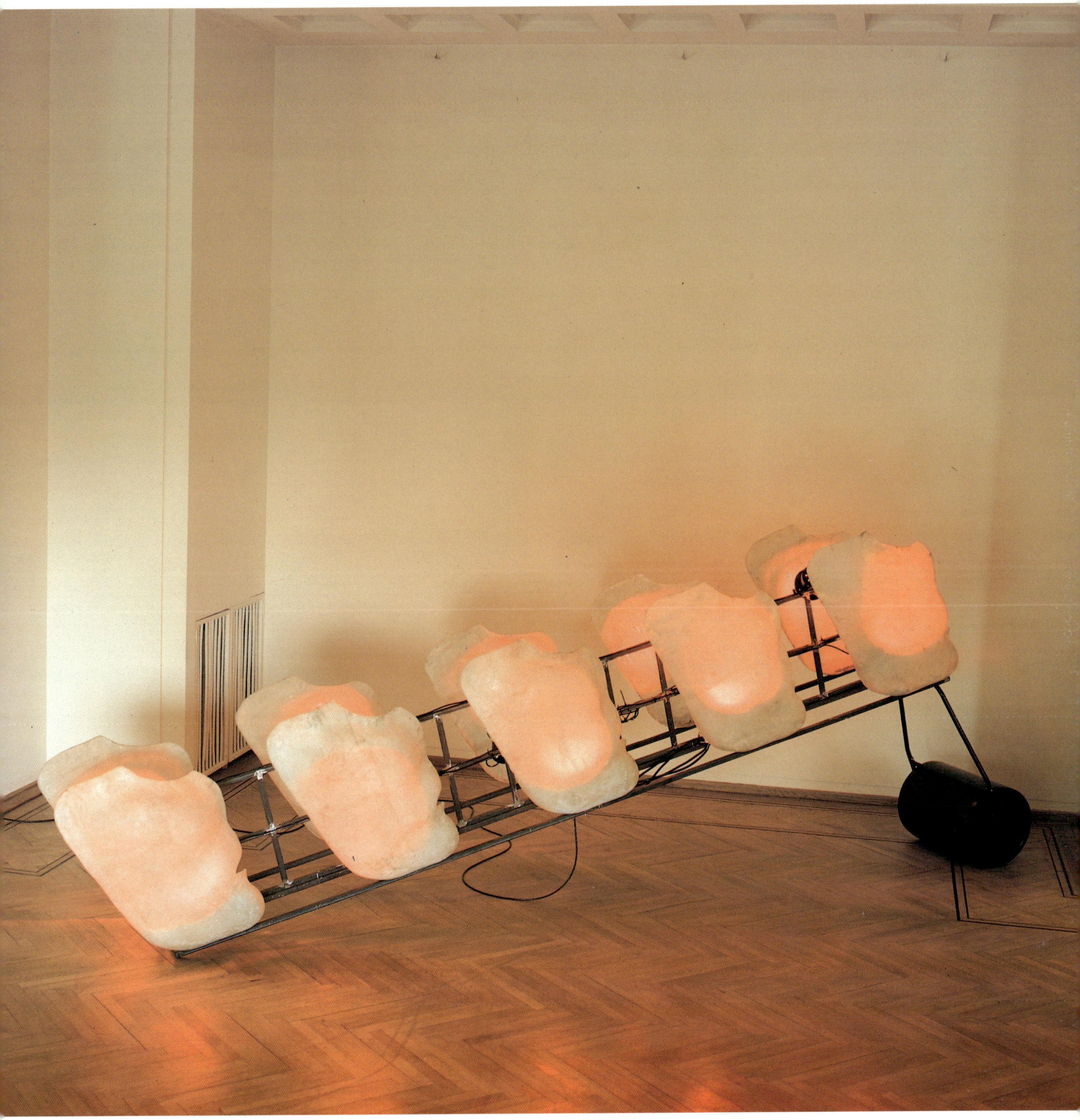

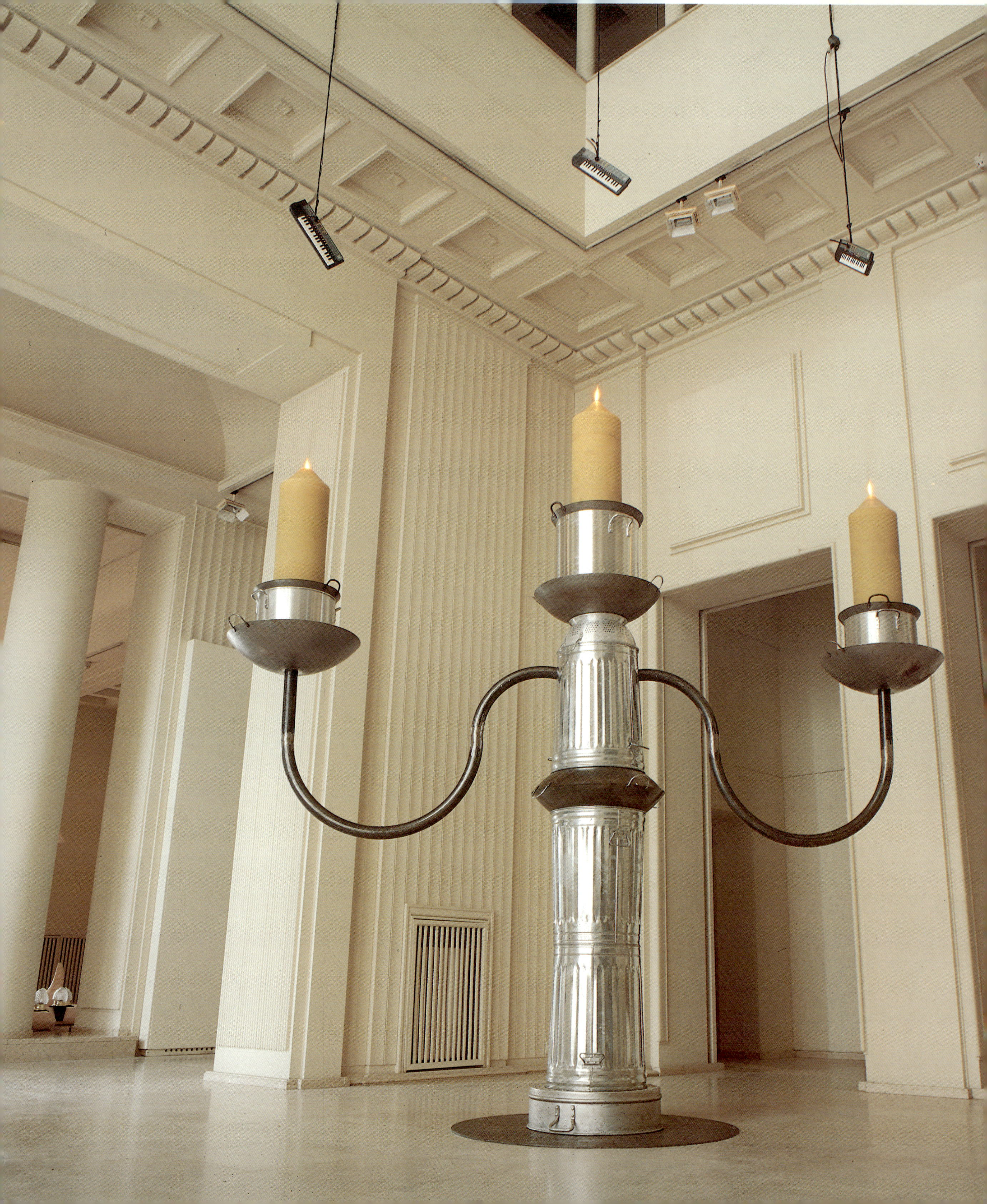

Candelabra, 1996

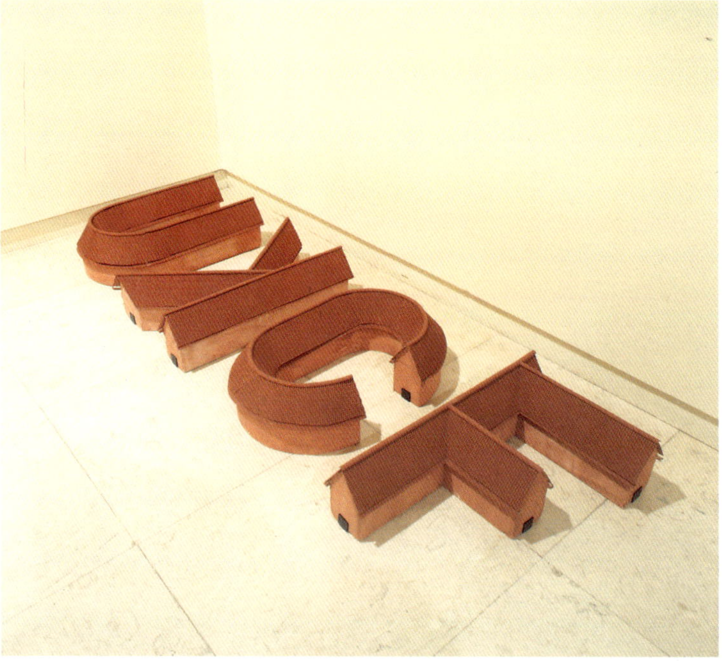

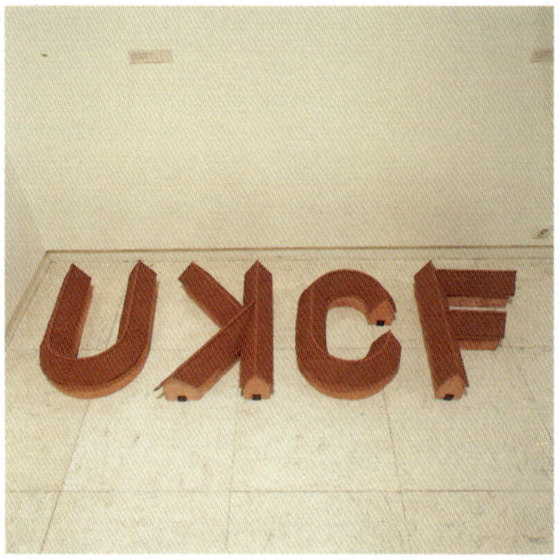

Proposal for Building Complex, 1996

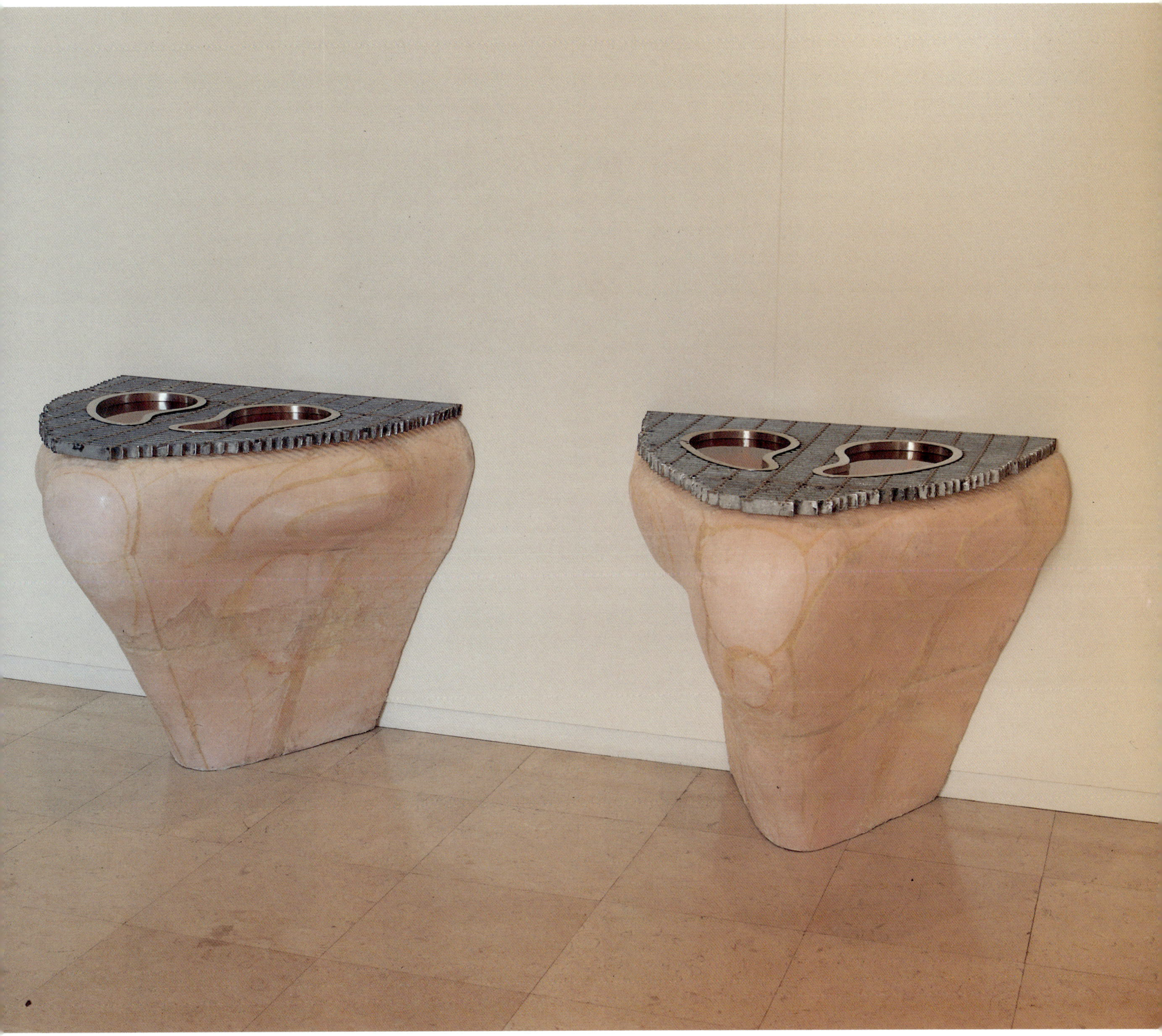

Blood Breath, 1996

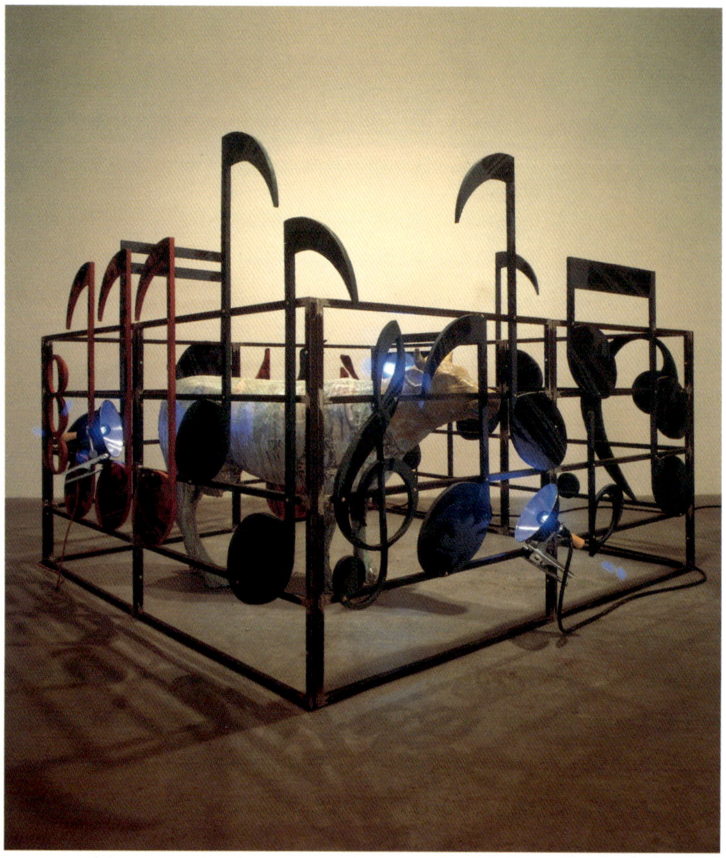

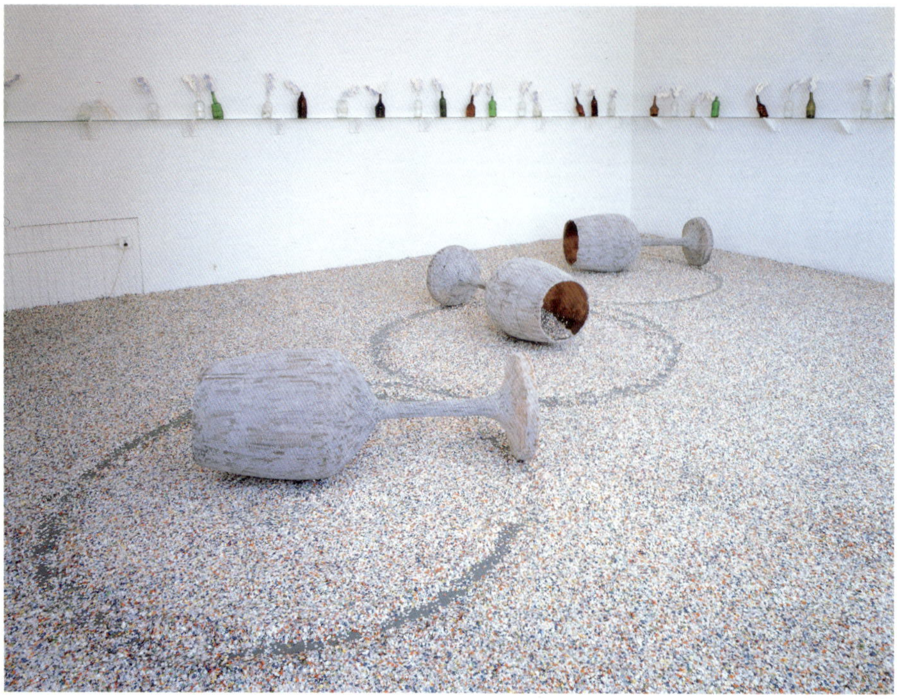

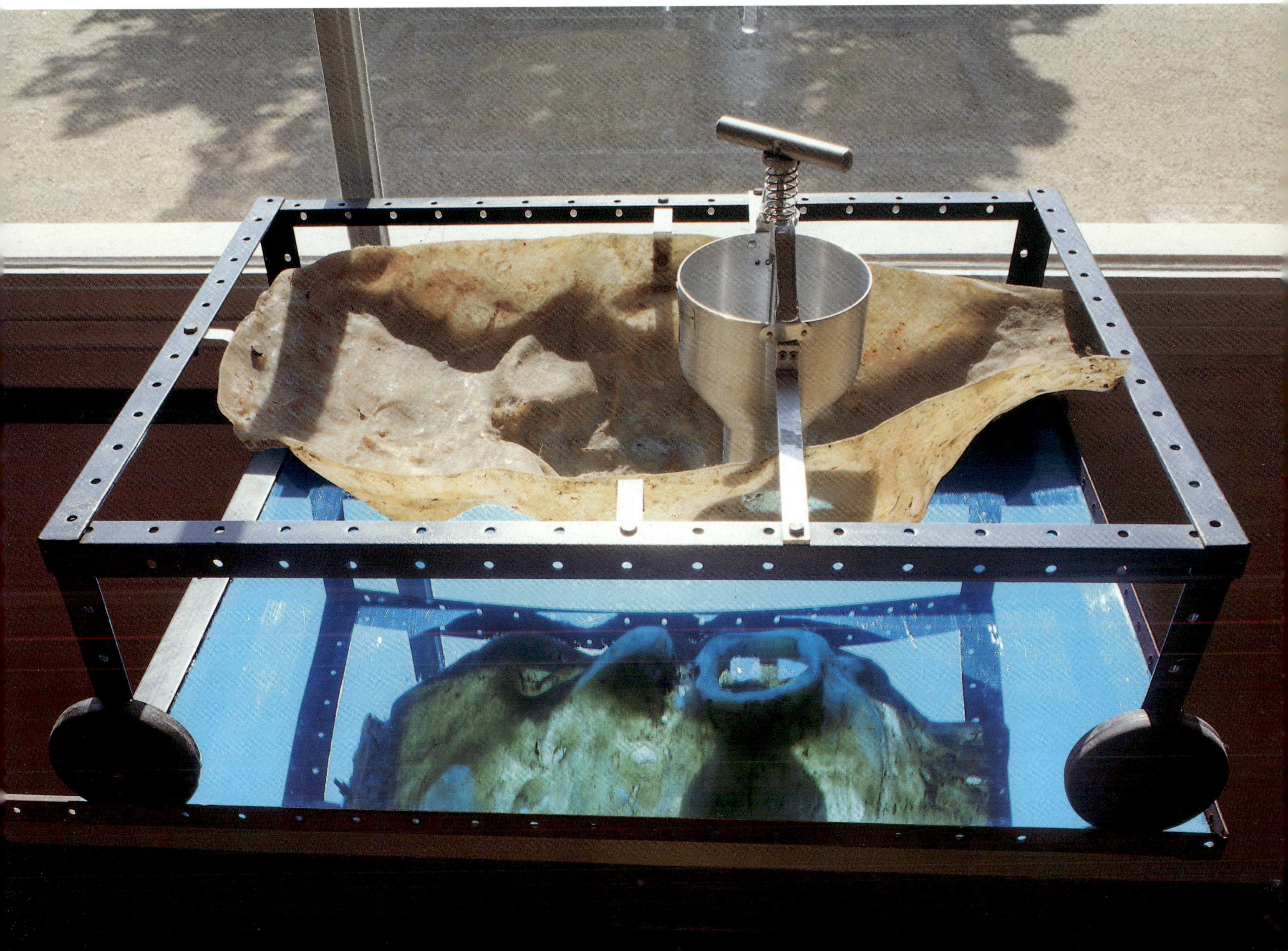

Em cima / *Above*
Hot Vomit Machine, 1989
Em cima à esquerda / *Top left*
Badly Tuned Cow, 1989
Em baixo à esquerda / *Bottom left*
Between Drinks, 1988

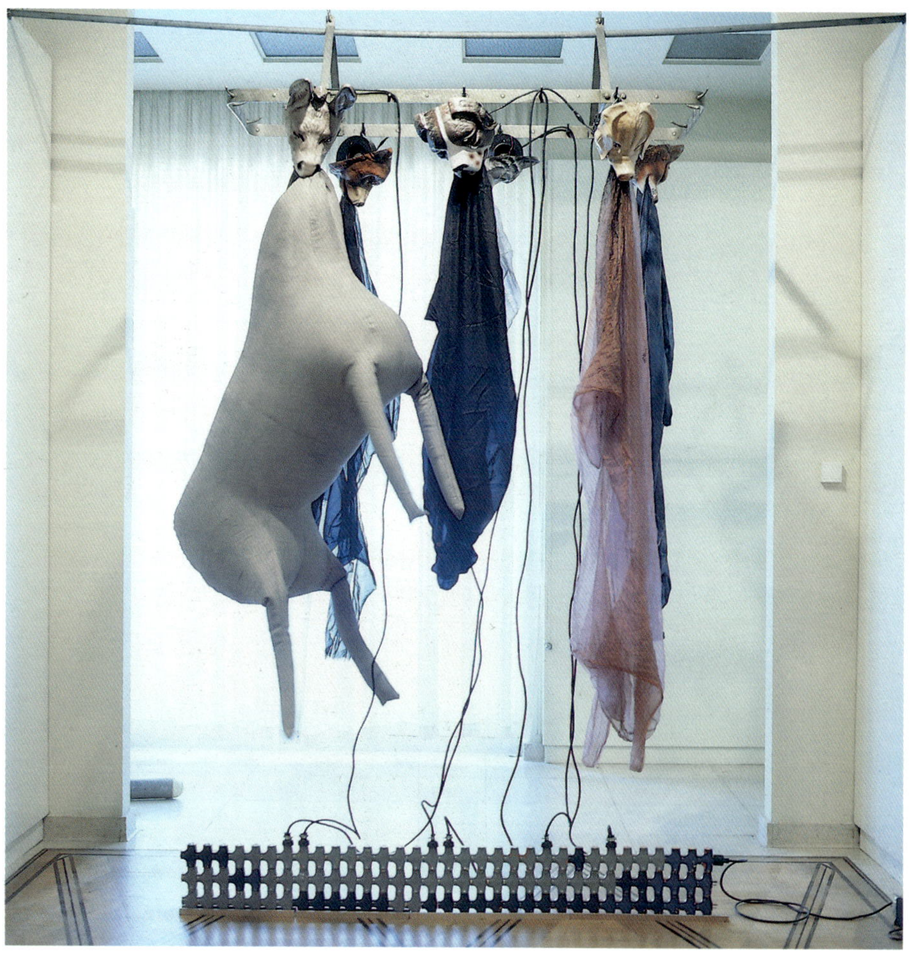

Above the Wall of Electrocution, 1988

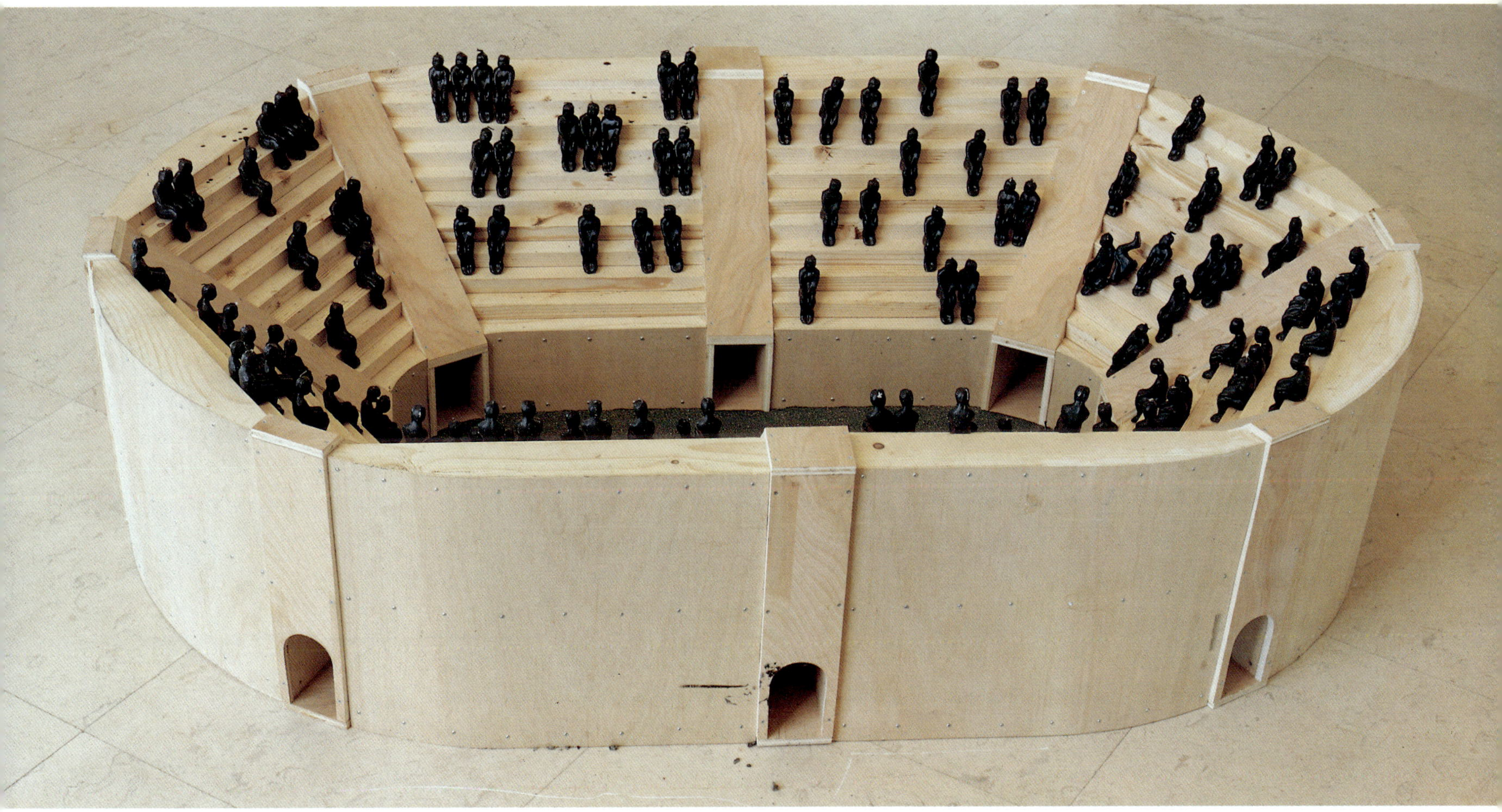

Fast Exit, 1996

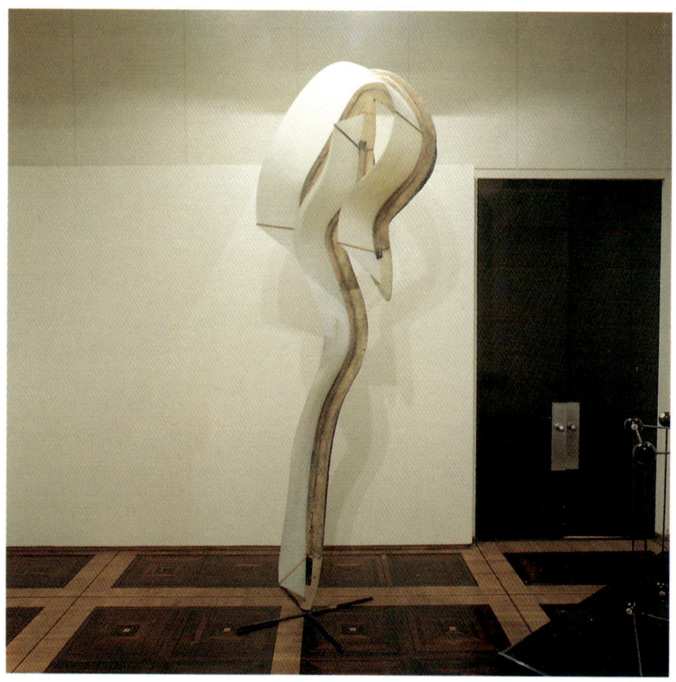

Wake Collision, 1989

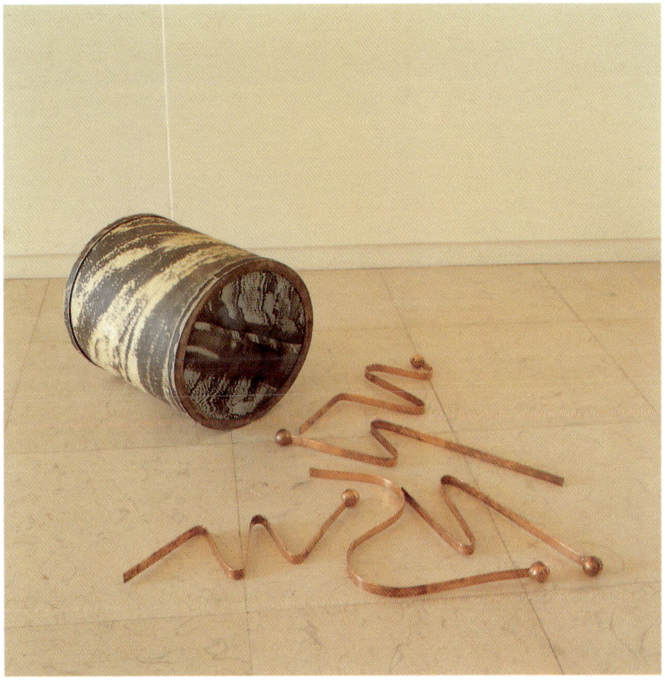

Dead Beats, 1990

Rag Head, 1991

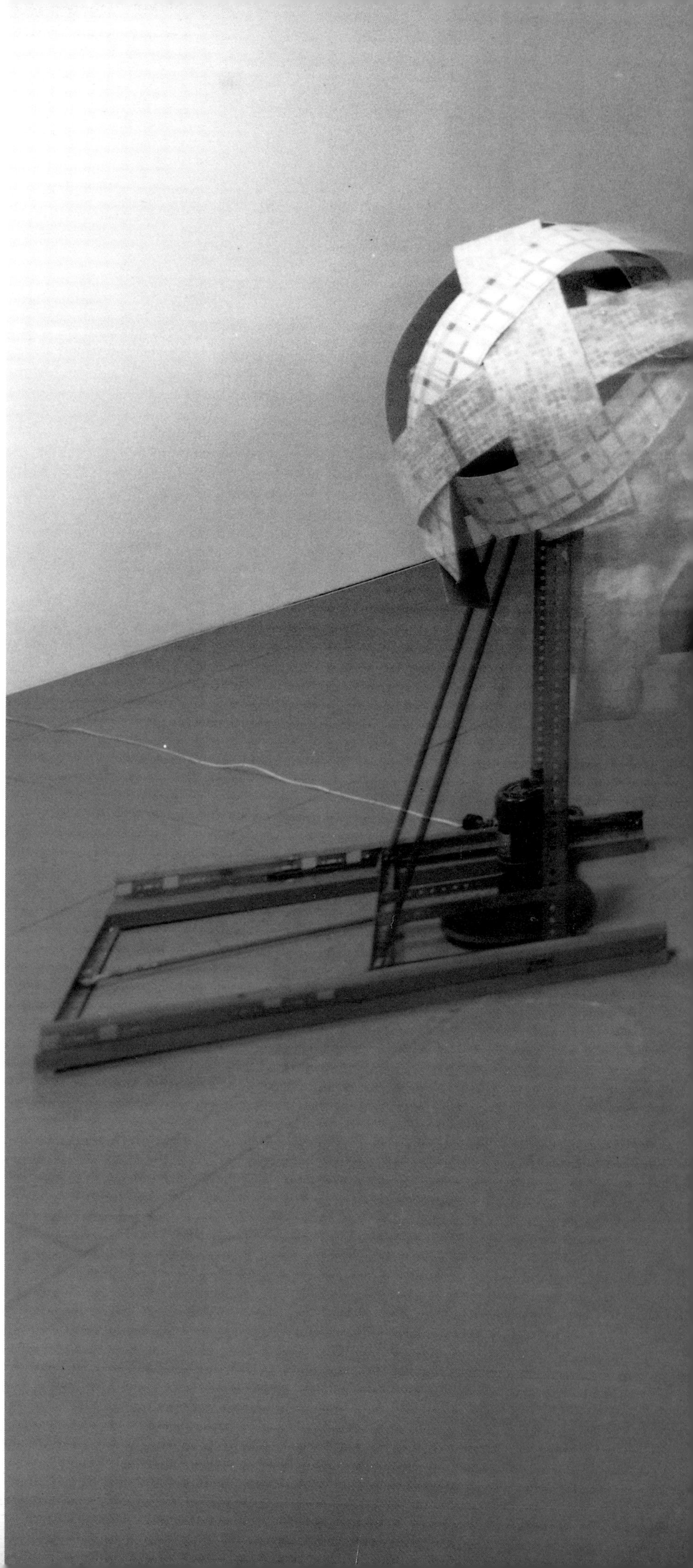

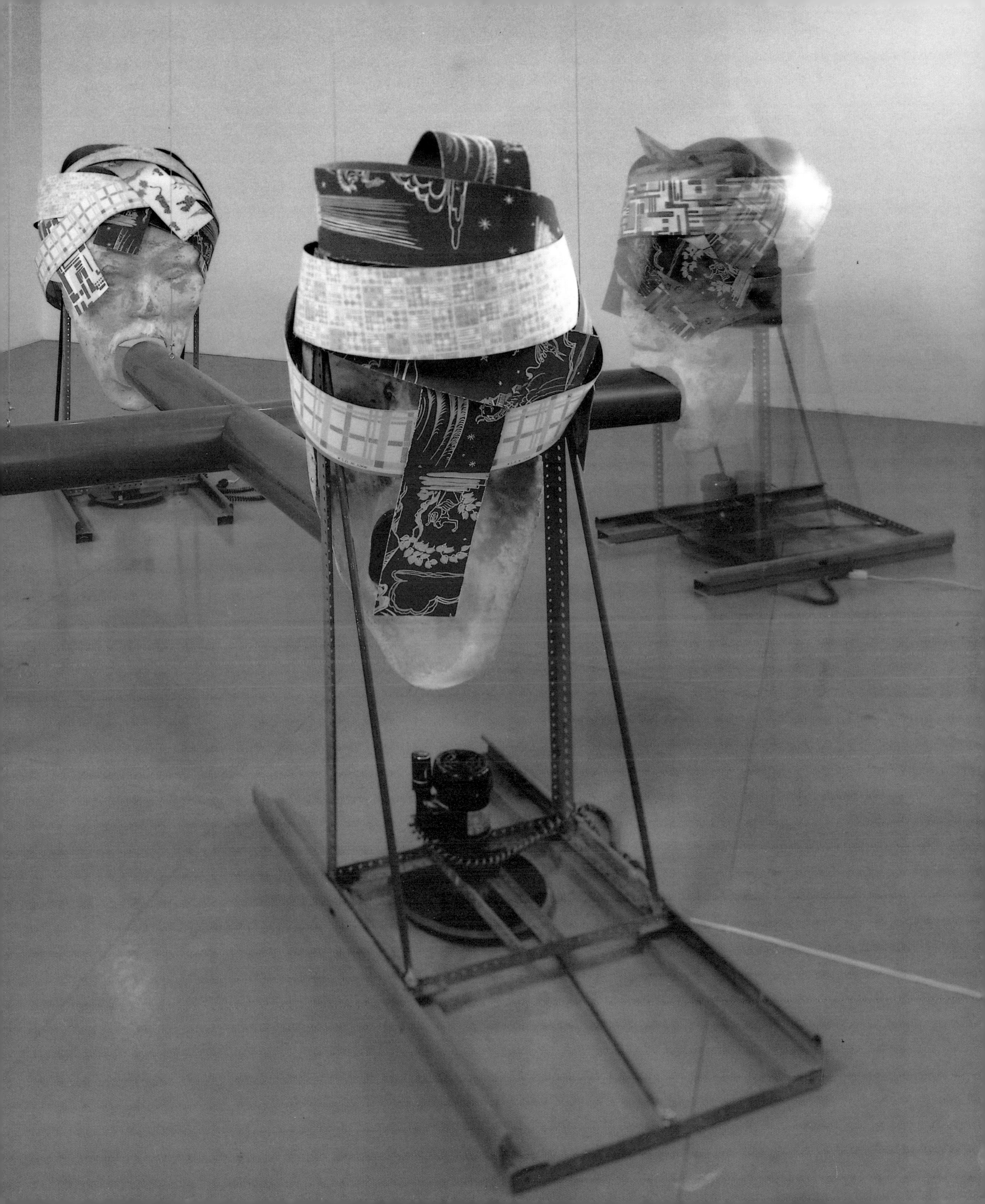

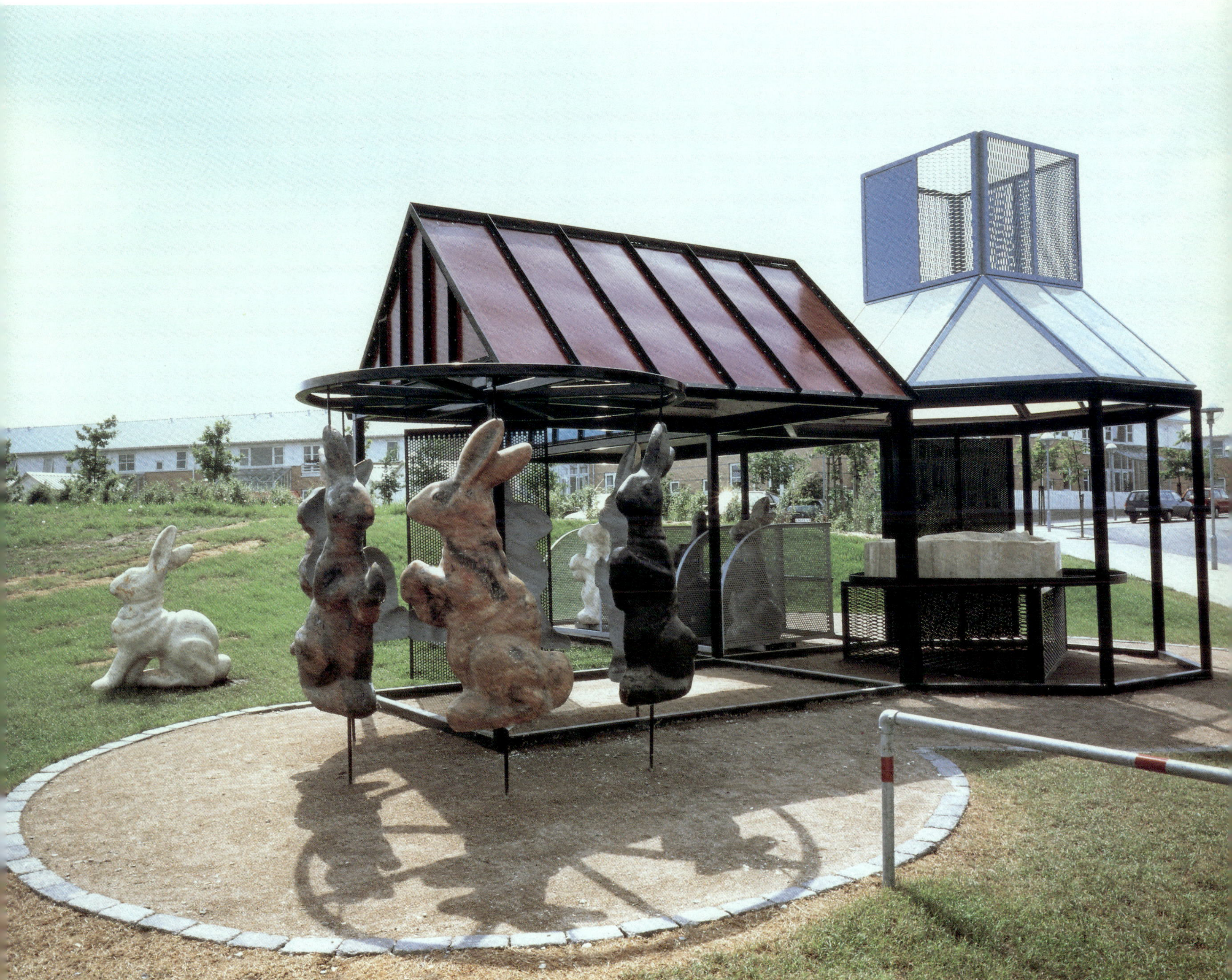

Rabbit Factory, 1996

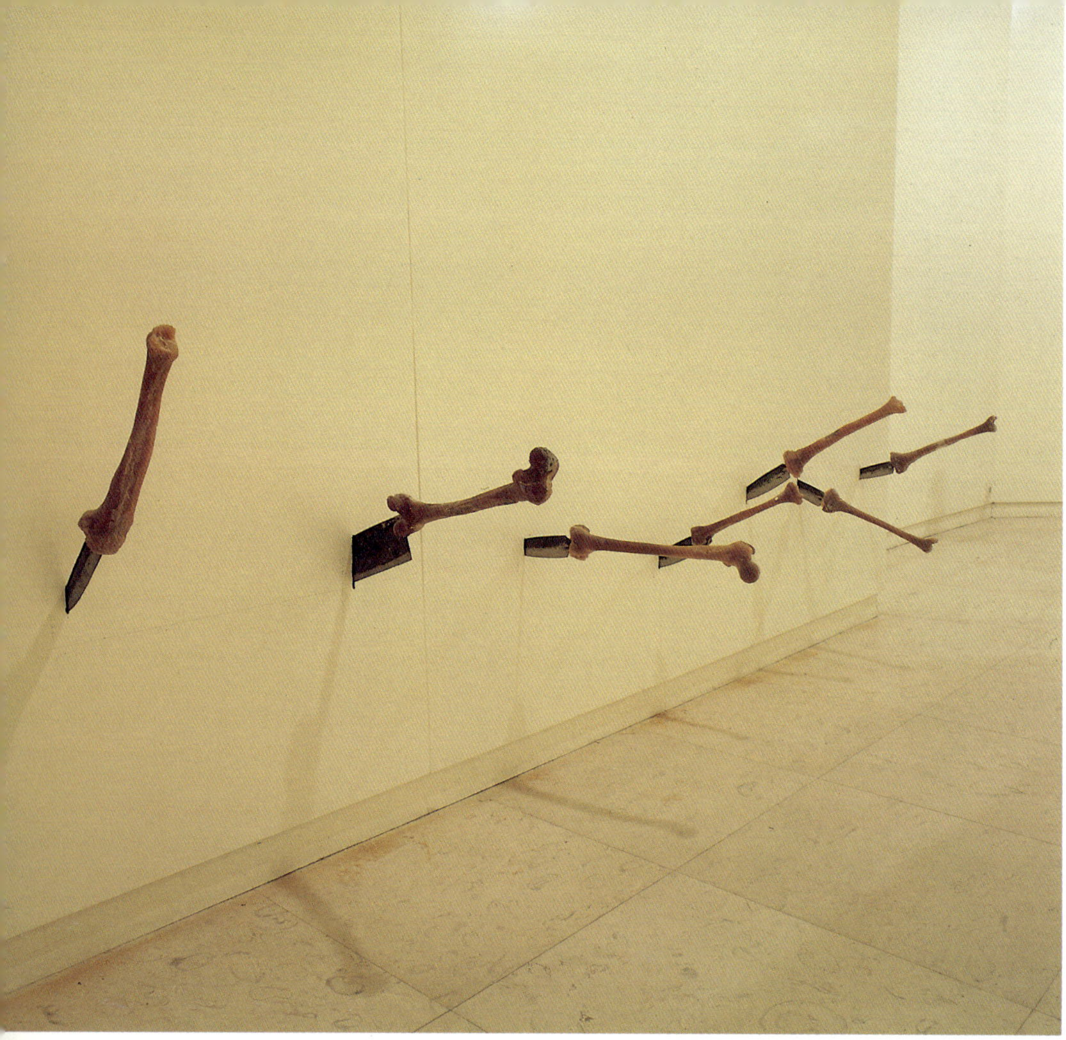

Thought Bones from Between the Fingers of Fear, 1988

Battered Tears, 1994

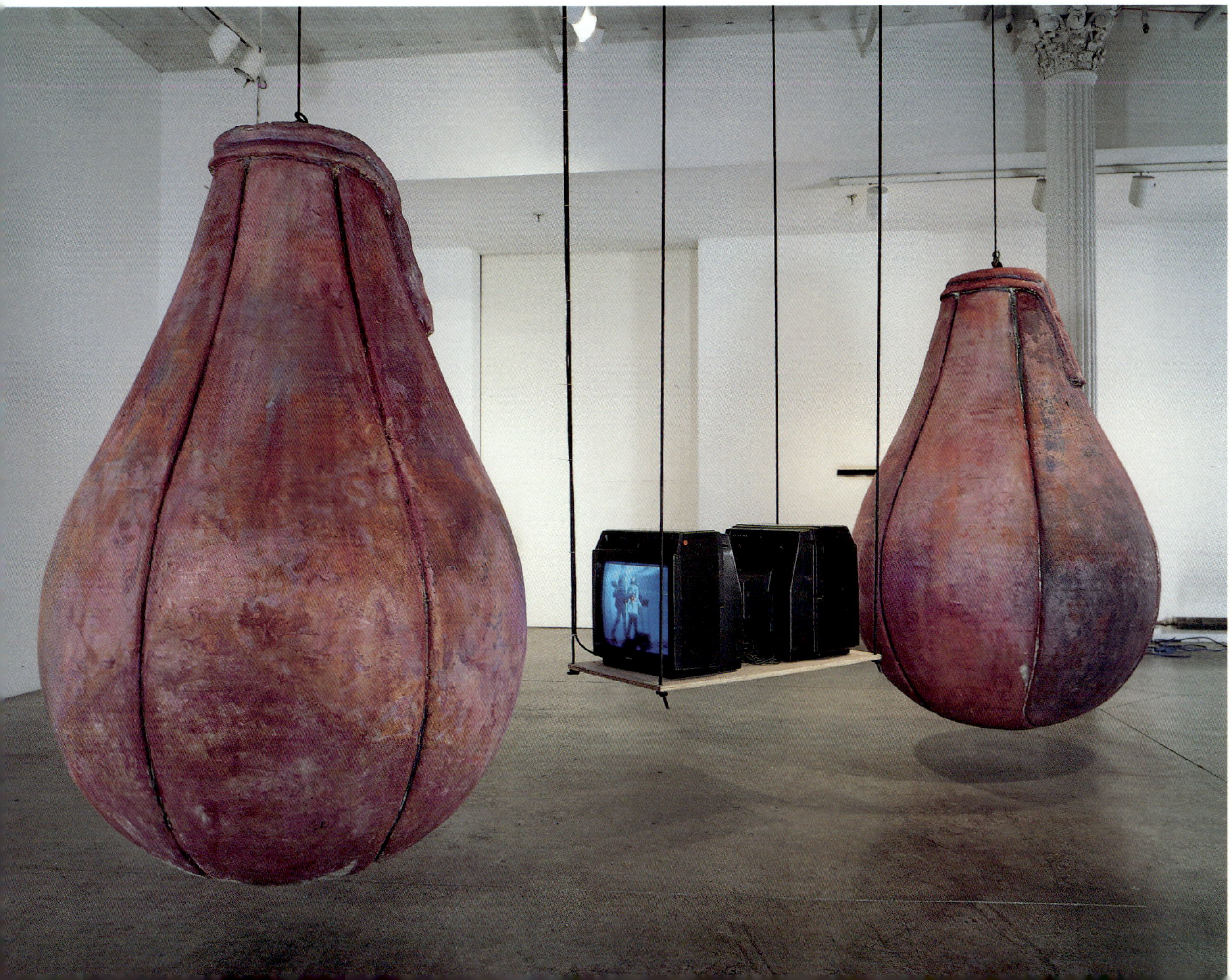

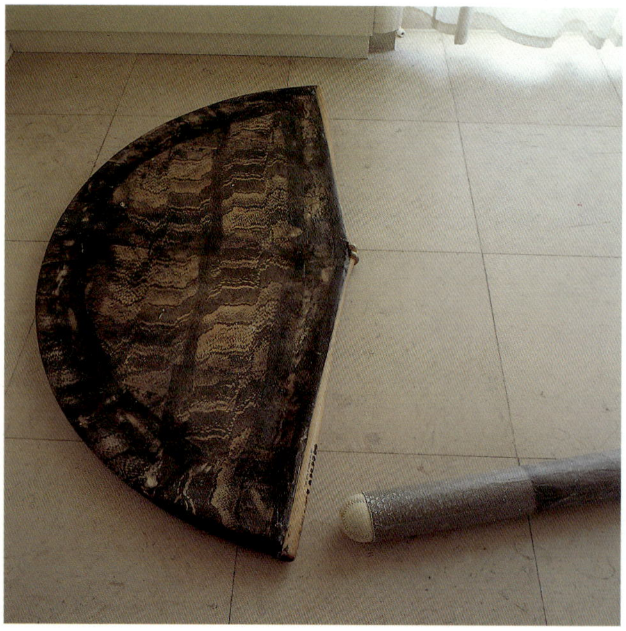

Two Strikes, 1988

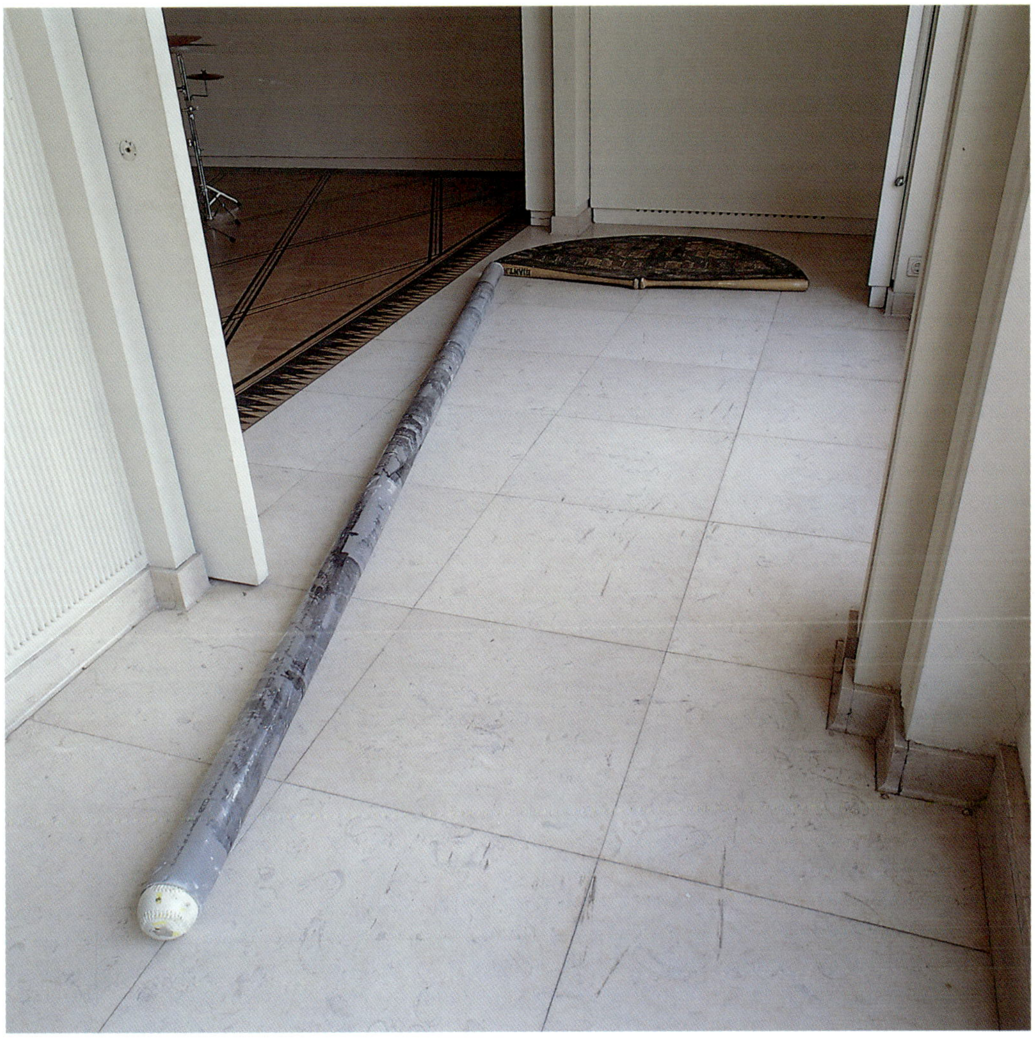

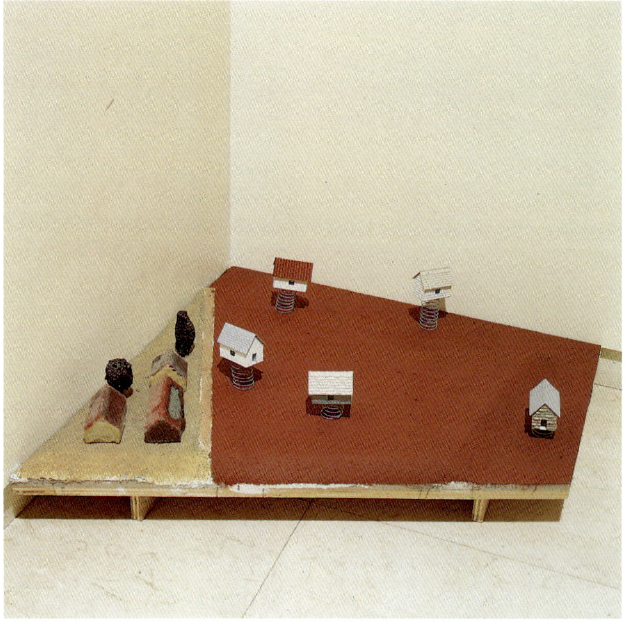

Scale Model Tornado Houses, 1996

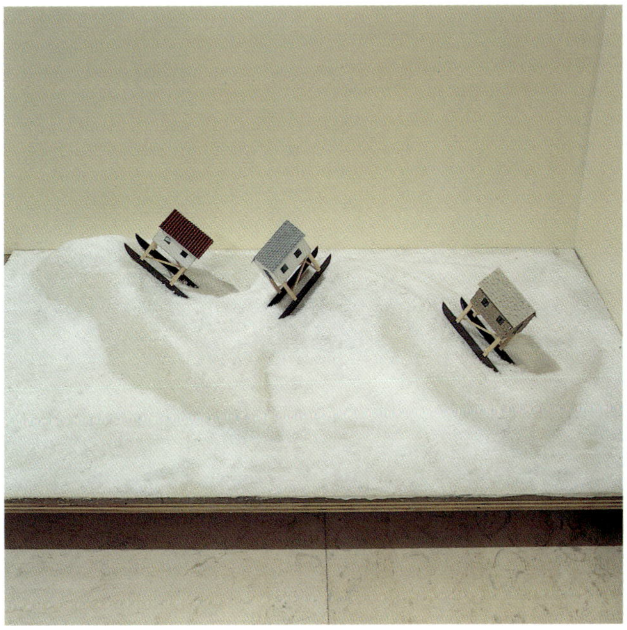

Scale Model Ski Houses, 1996

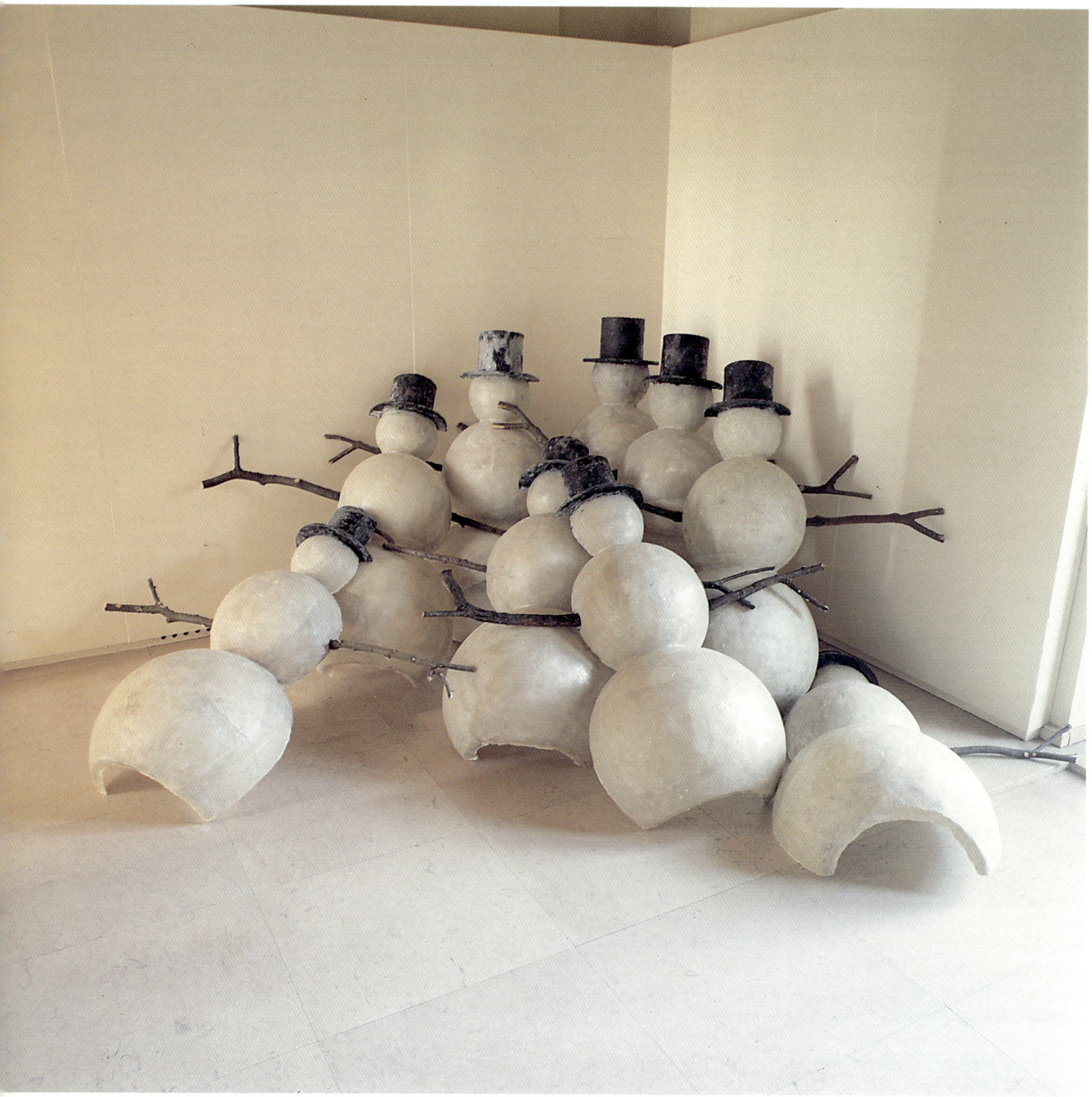

Snowman Factory Model with Snowmen, 1996

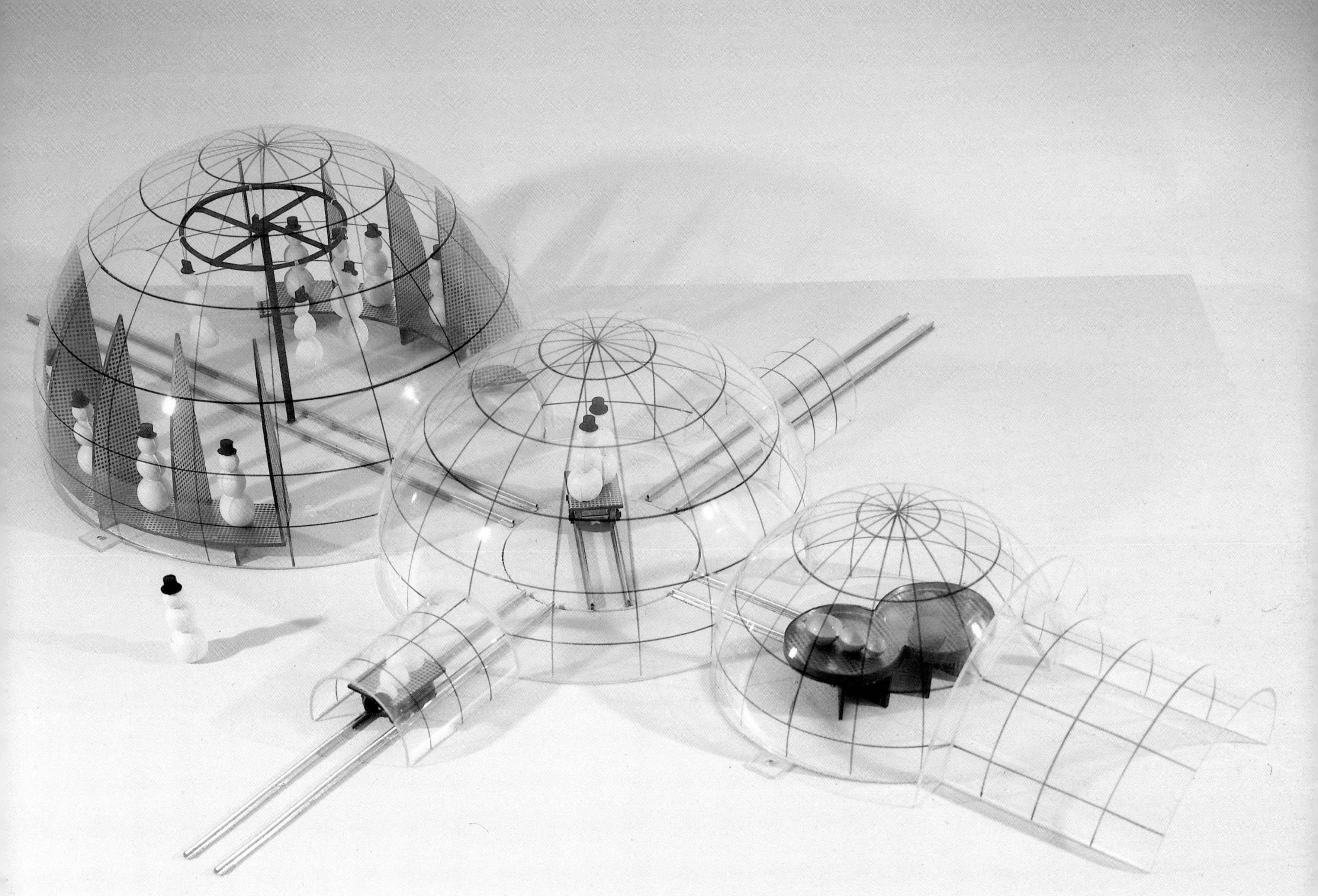

Snowman Factory, 1996

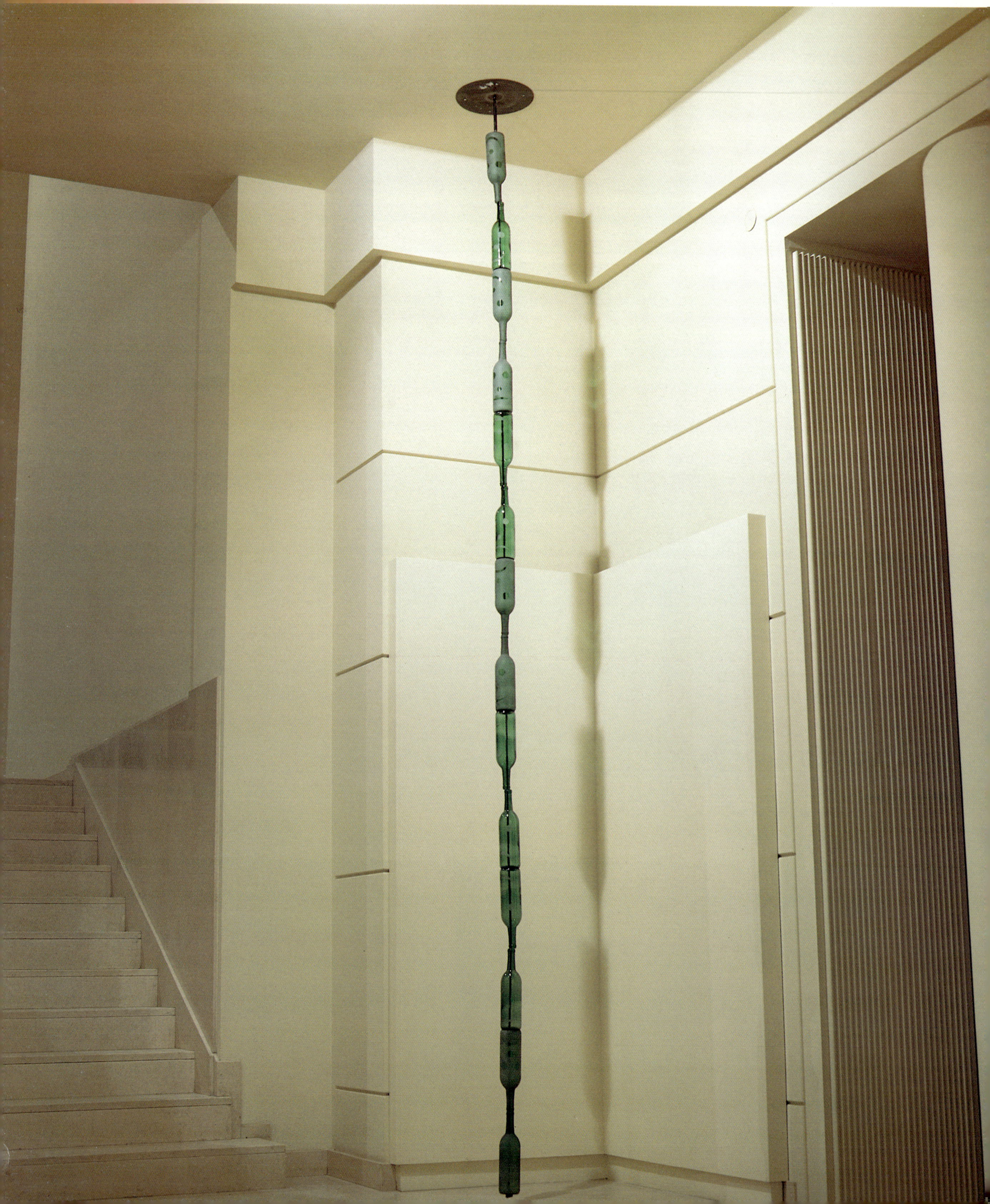

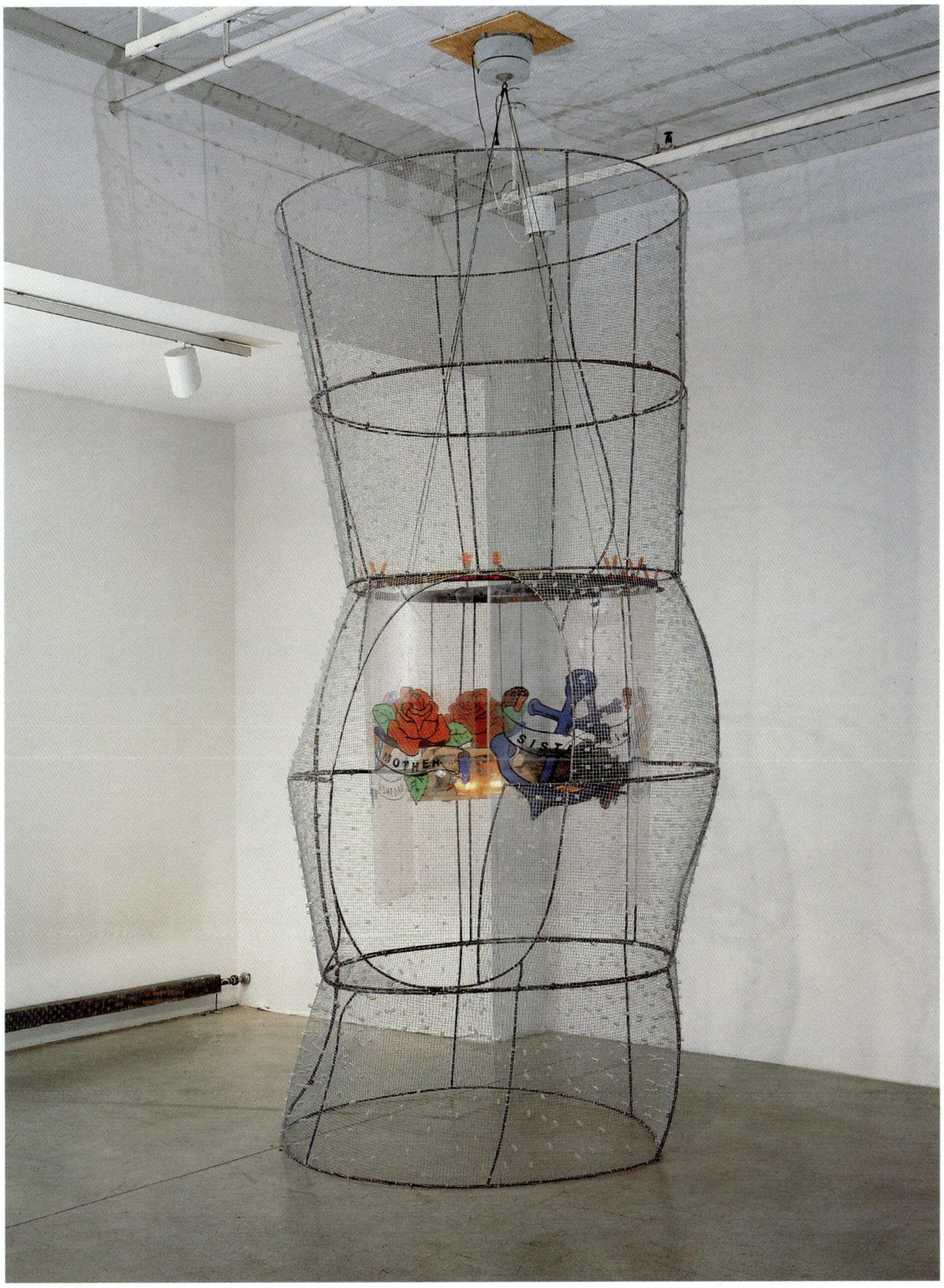

Em cima / *Above*
Hot Tattoos, 1994
À esquerda / *Left*
Summit to Sadness, 1989

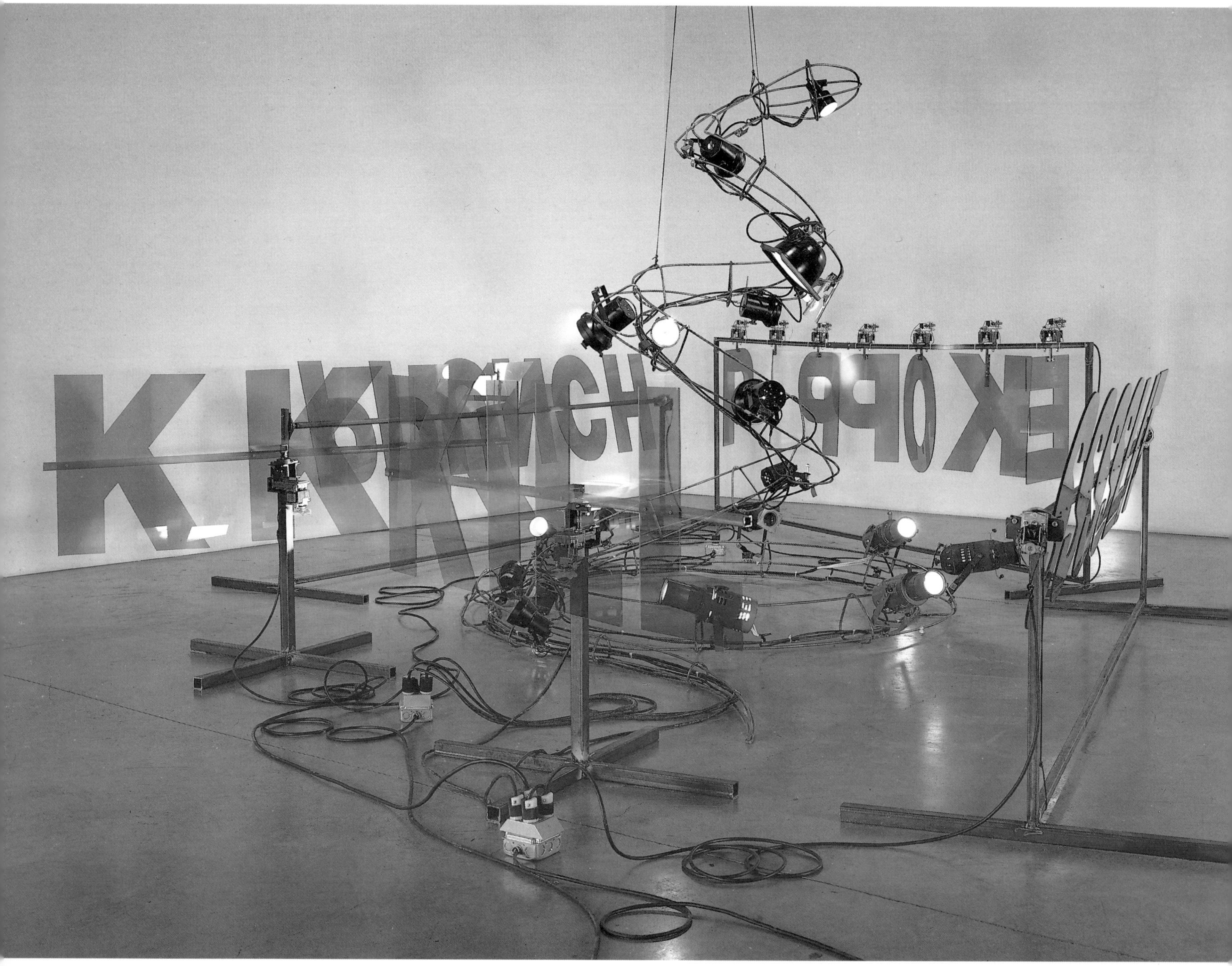

Stutter Pen, 1994

Iron / Cactus, 1994

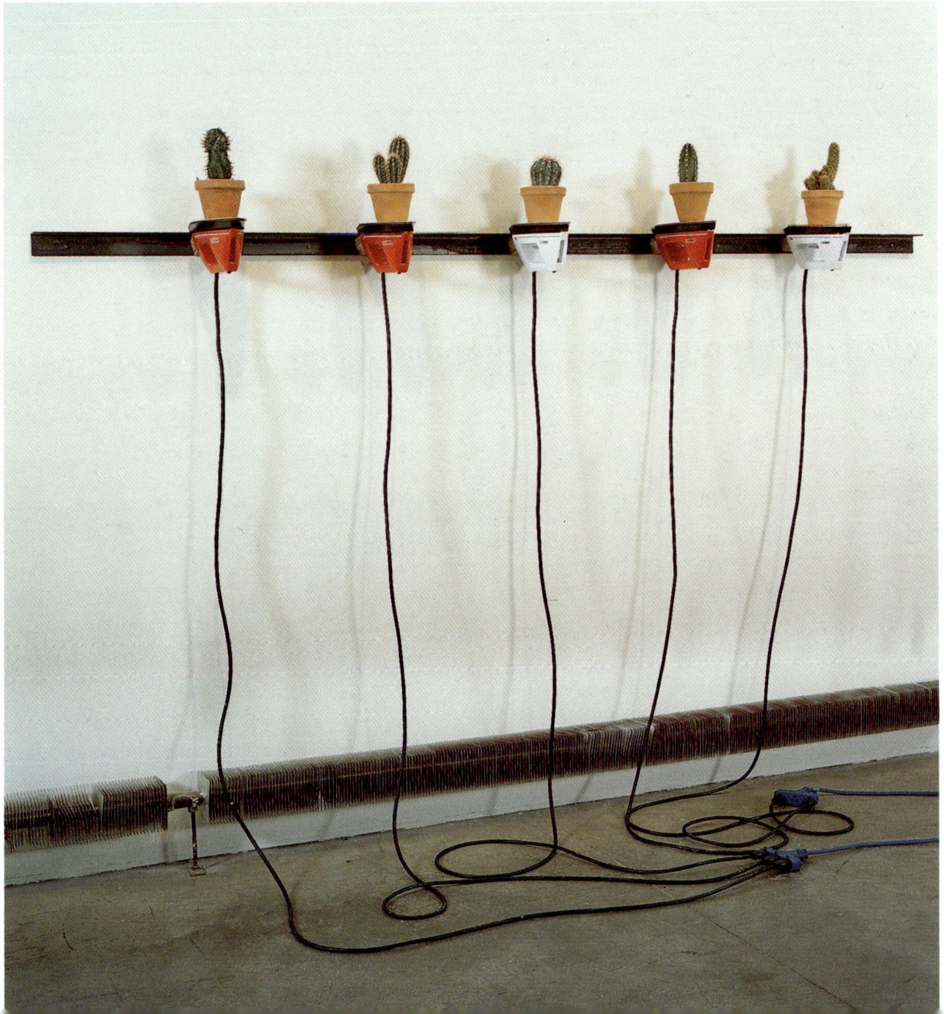

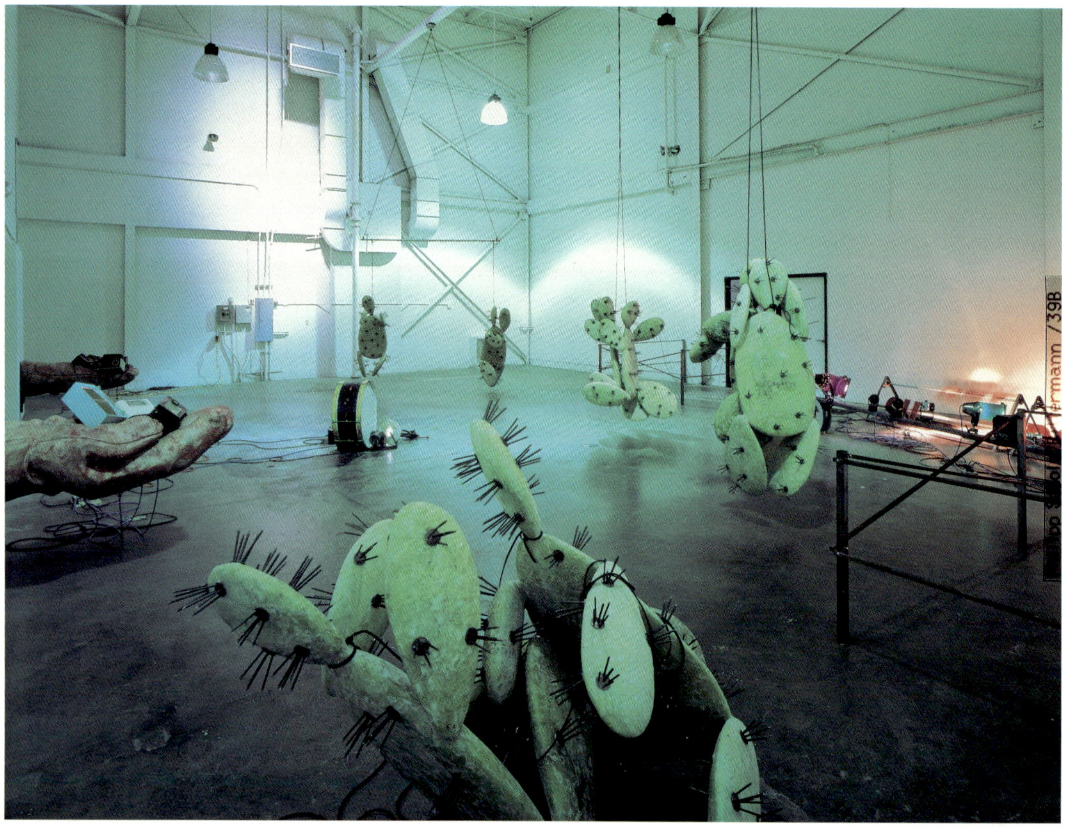

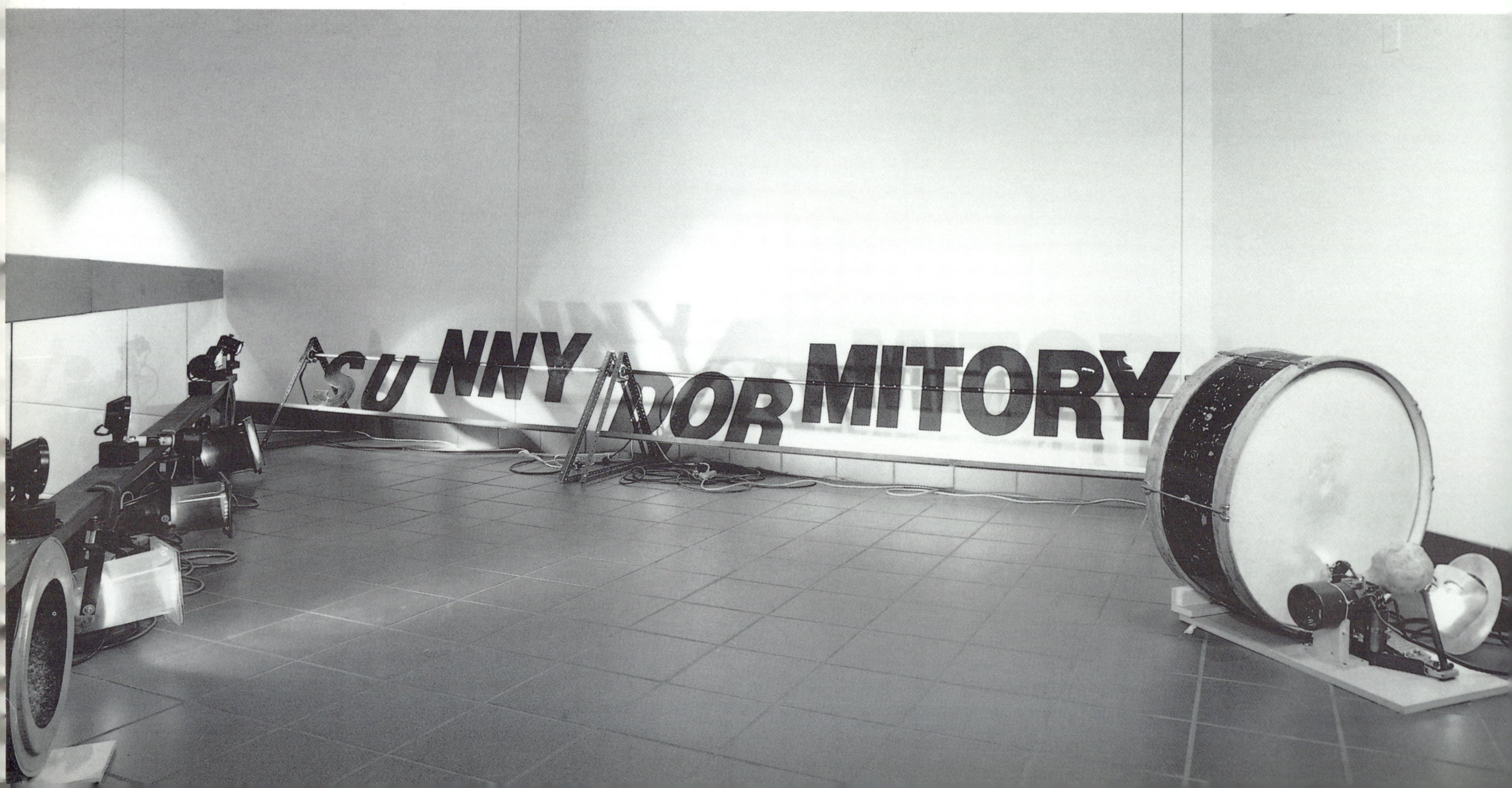
SU
NNY
DOR
MITORY

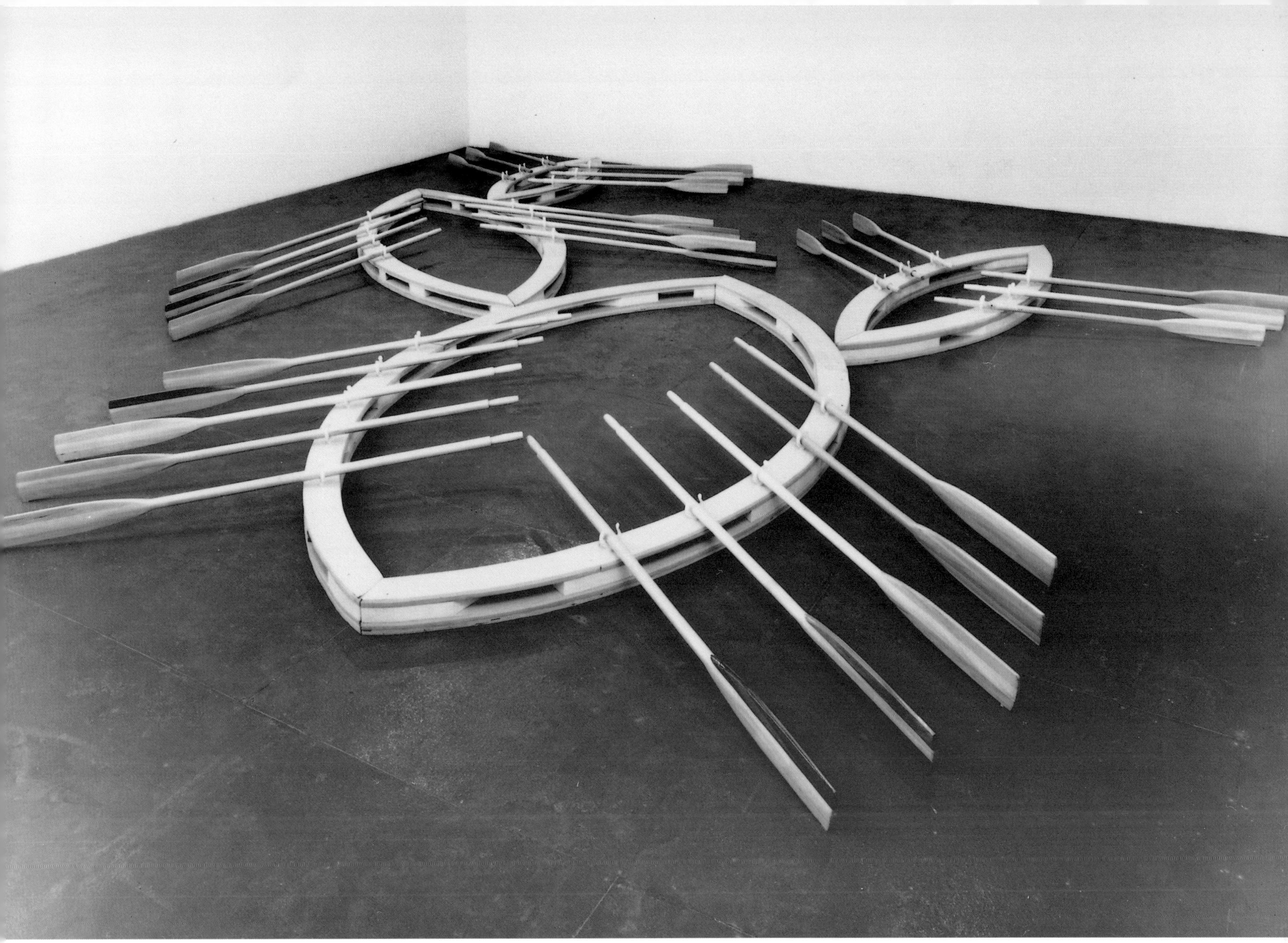

Em cima / *Above*
Slave Cactus, 1991
Página oposta em cima / *Opposite, top*
The Last Dance, 1994
Página oposta em baixo / *Opposite, bottom*
The Last Dance (detail), 1994

Em baixo / *Below*
Digestion, Gypsum Gypsies, 1989
À direita / *Right*
Woman With Cubist Tendencies, 1992

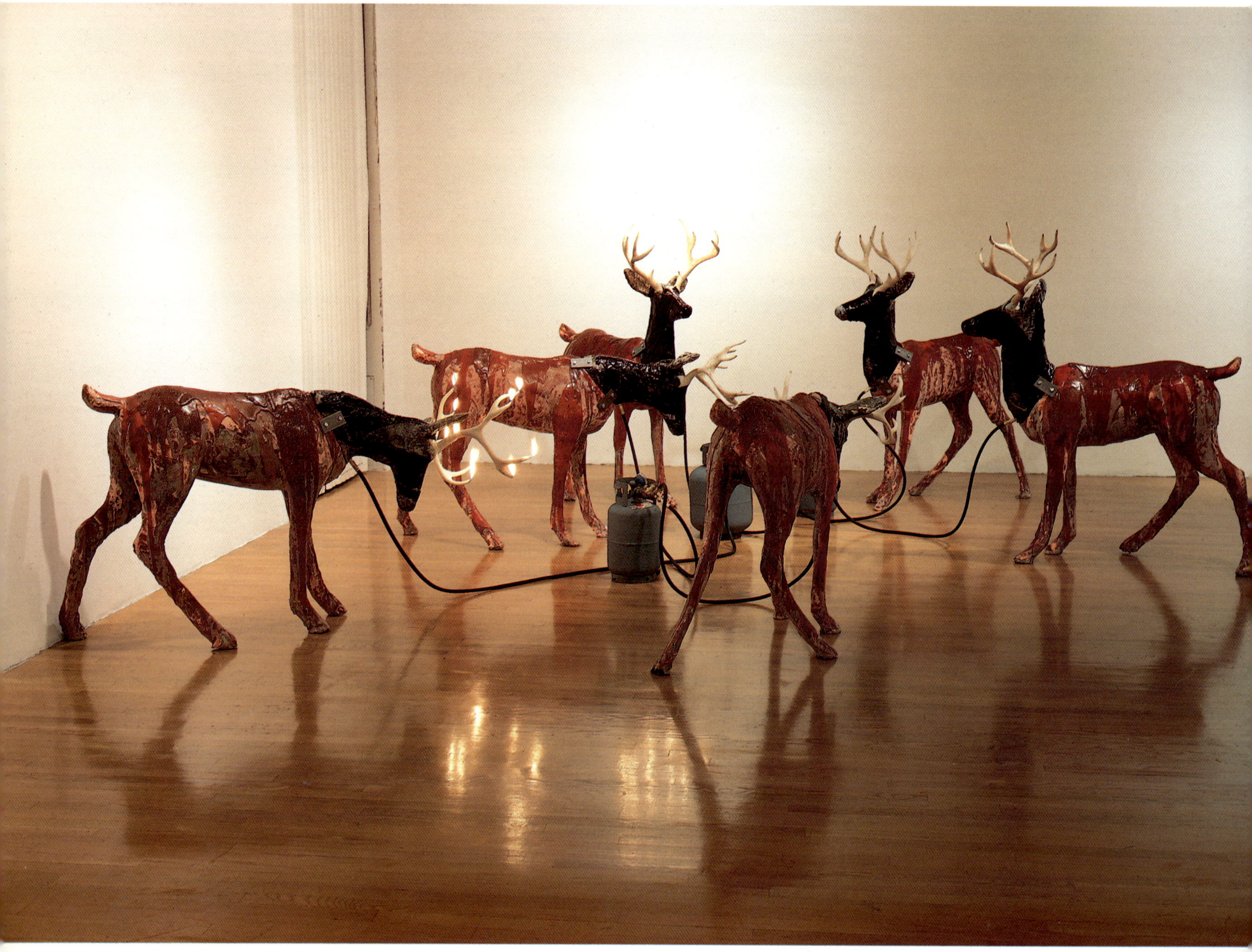

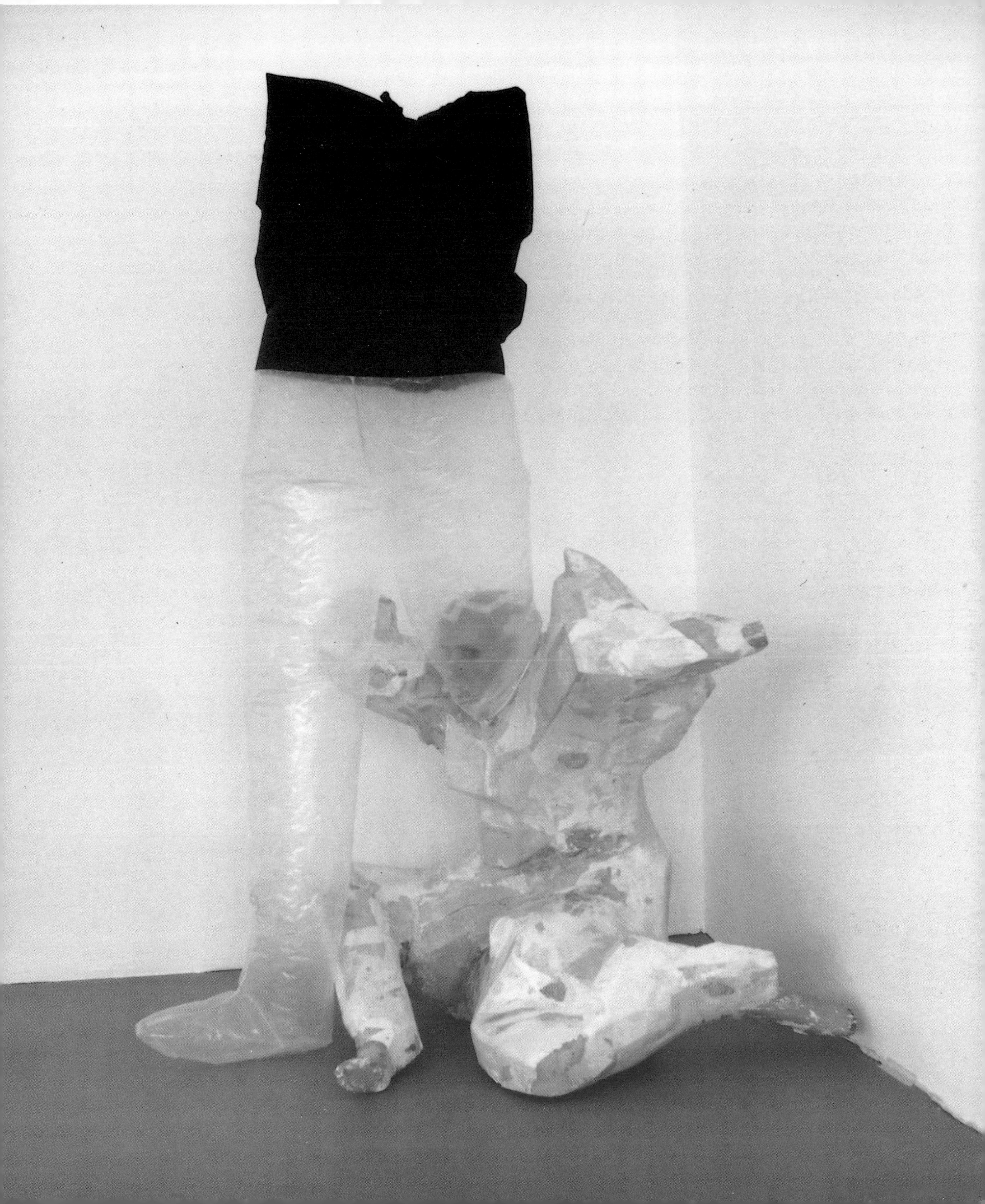

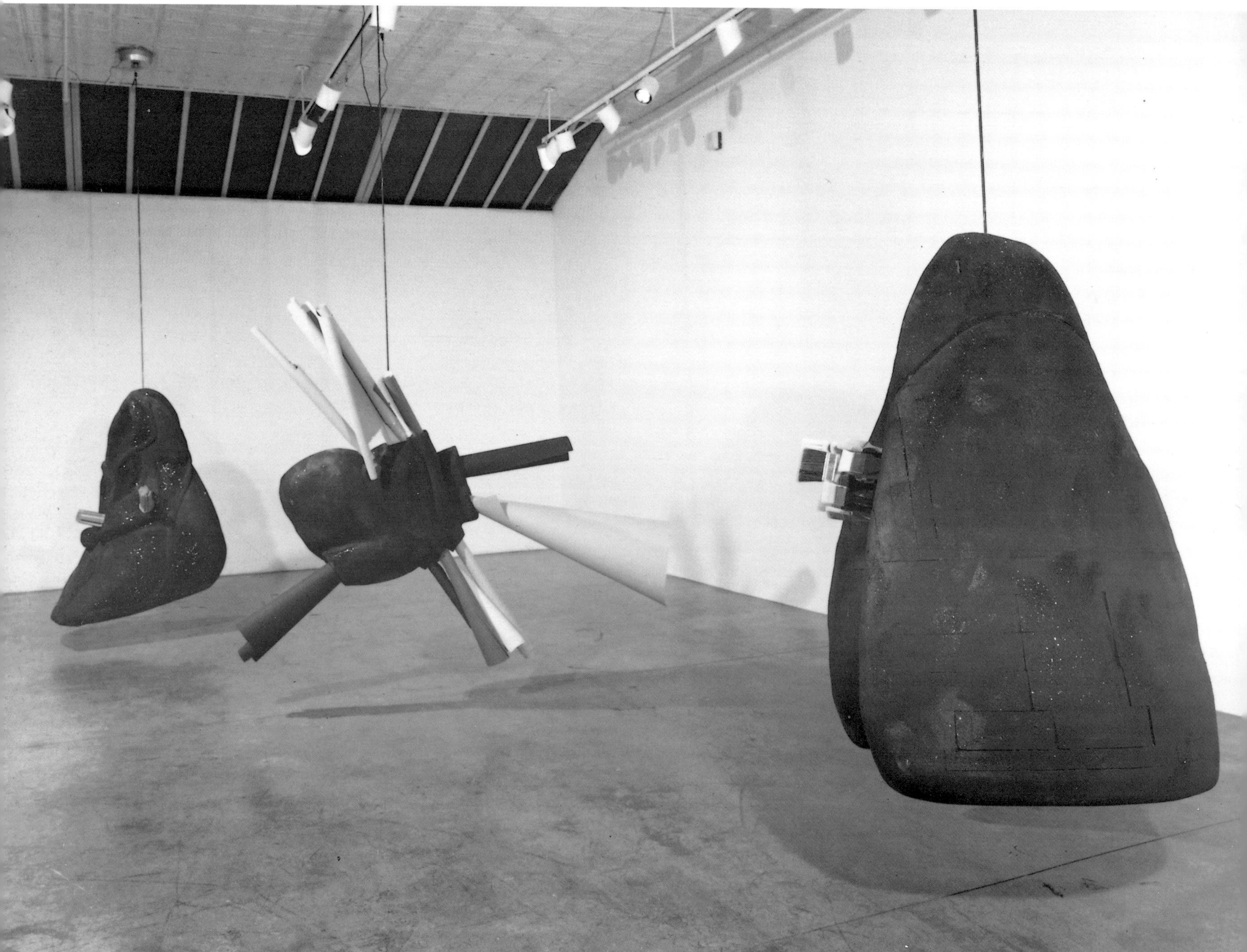

À esquerda / *Left*
Heart with Paper, Liver with Pencils, Lungs with Brushes, 1992
À direita / *Right*
Crystal Waste, 1991

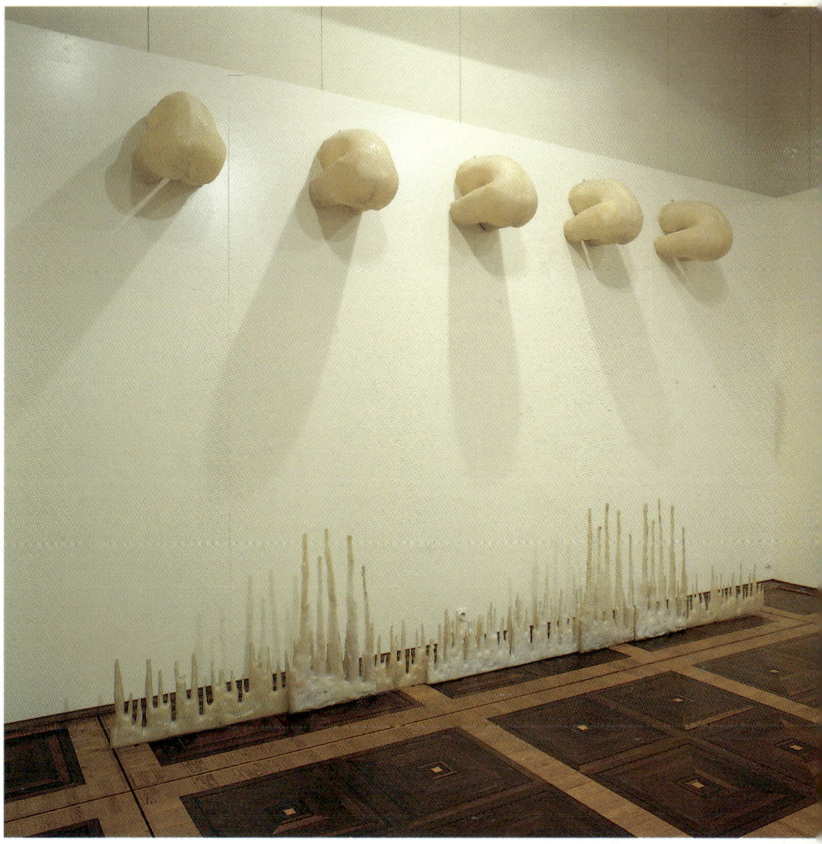

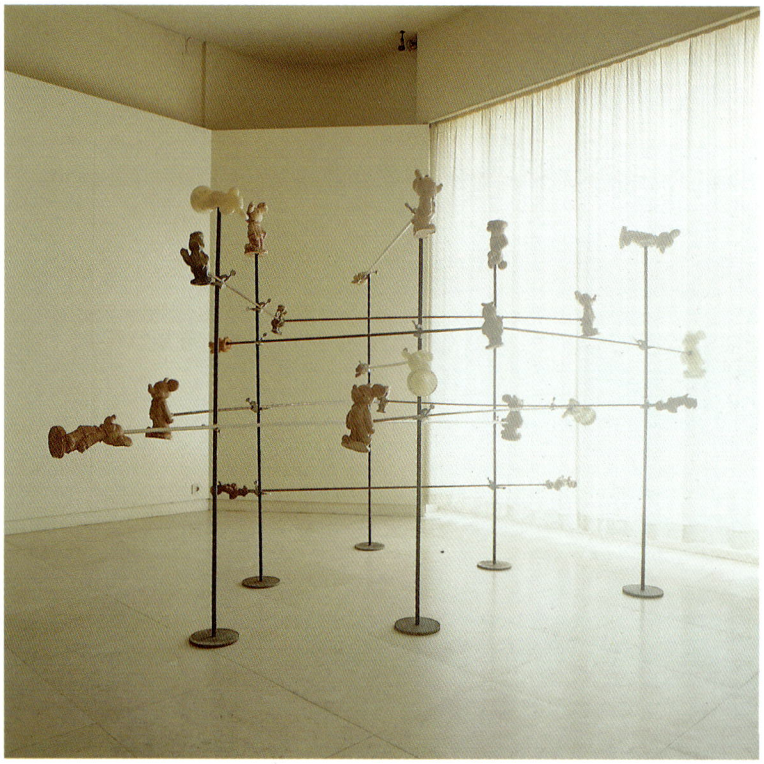

Virus, 1989

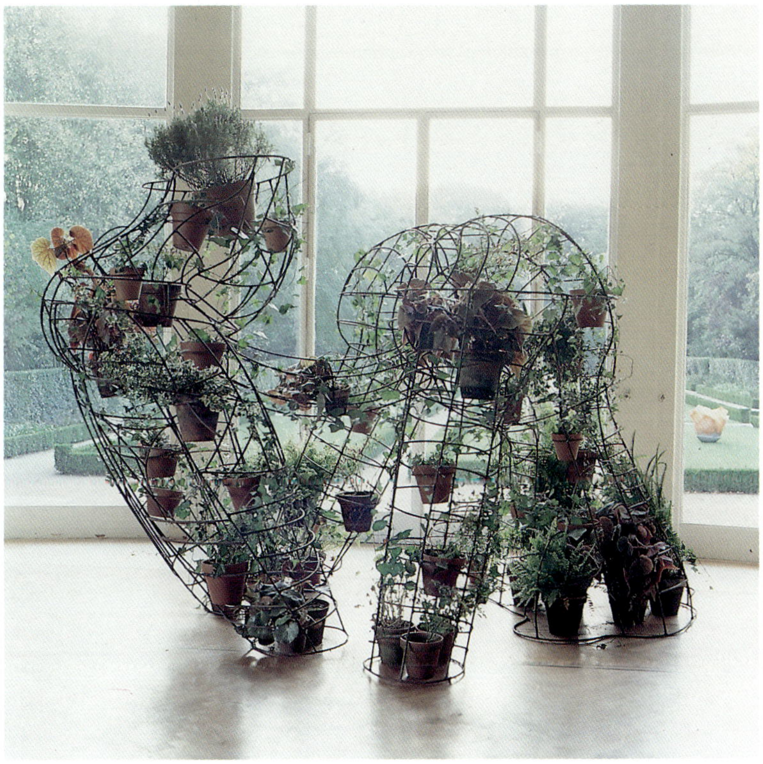

Topiary Piece, 1996

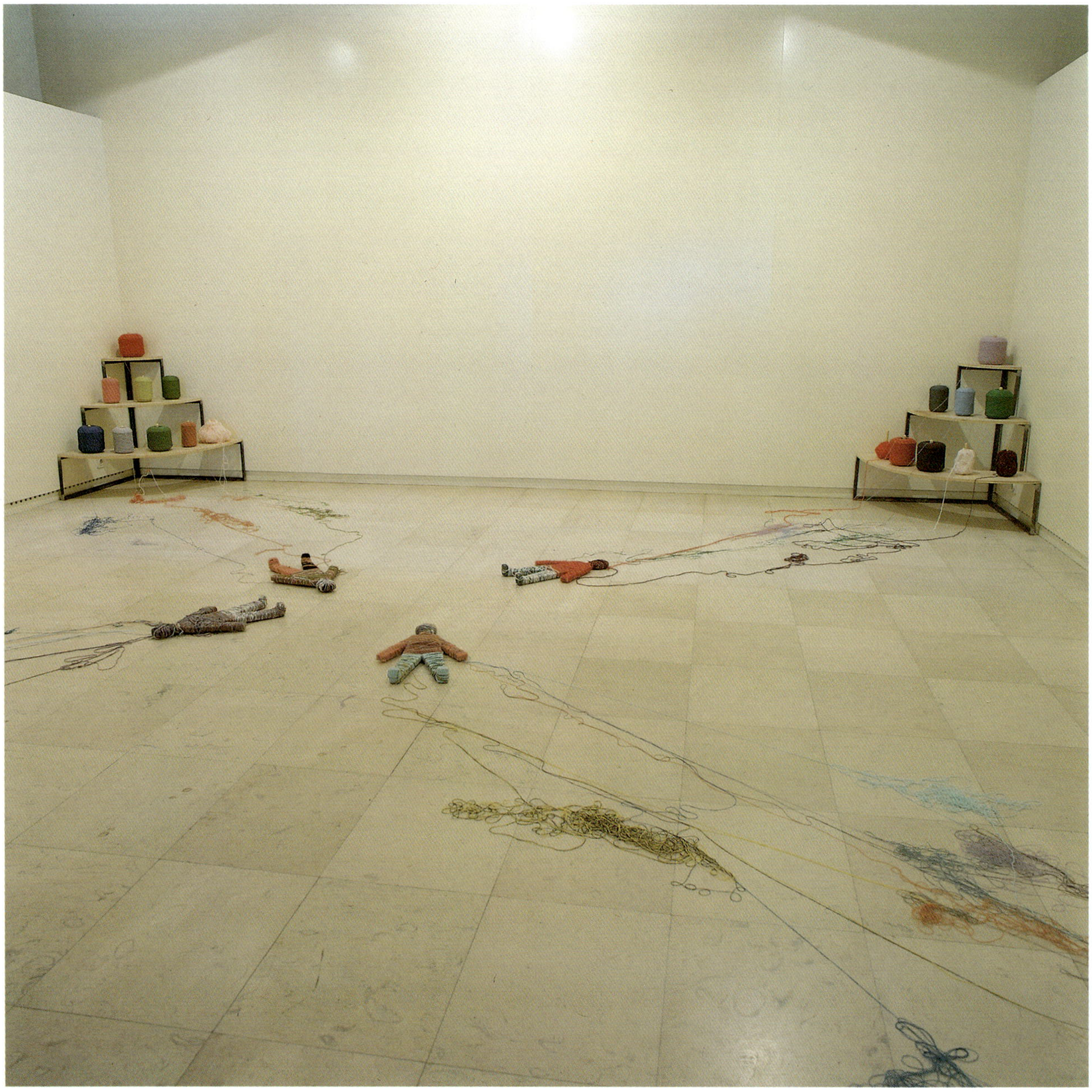

Four Corner Murders, 1996

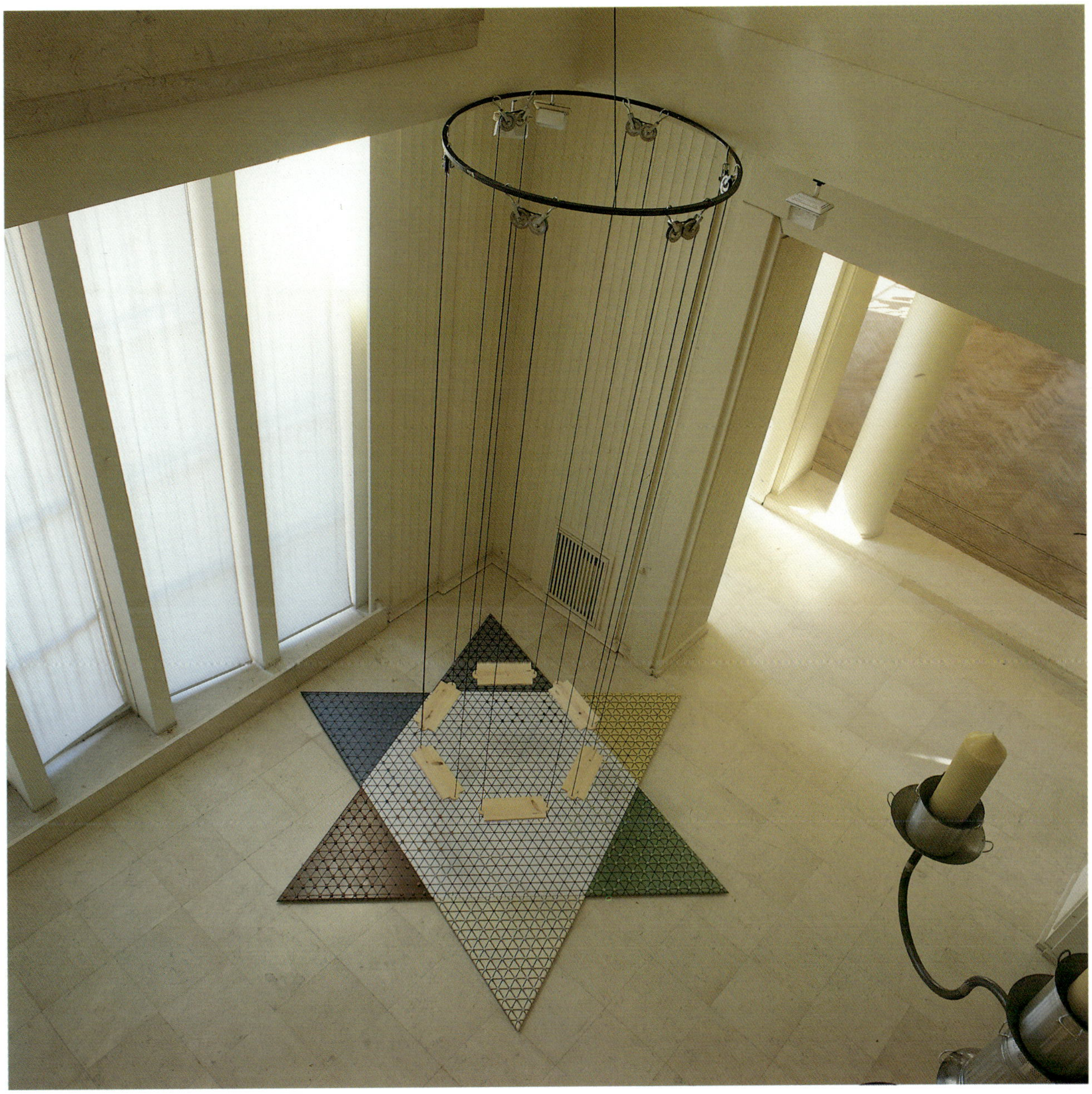

Star, 1996

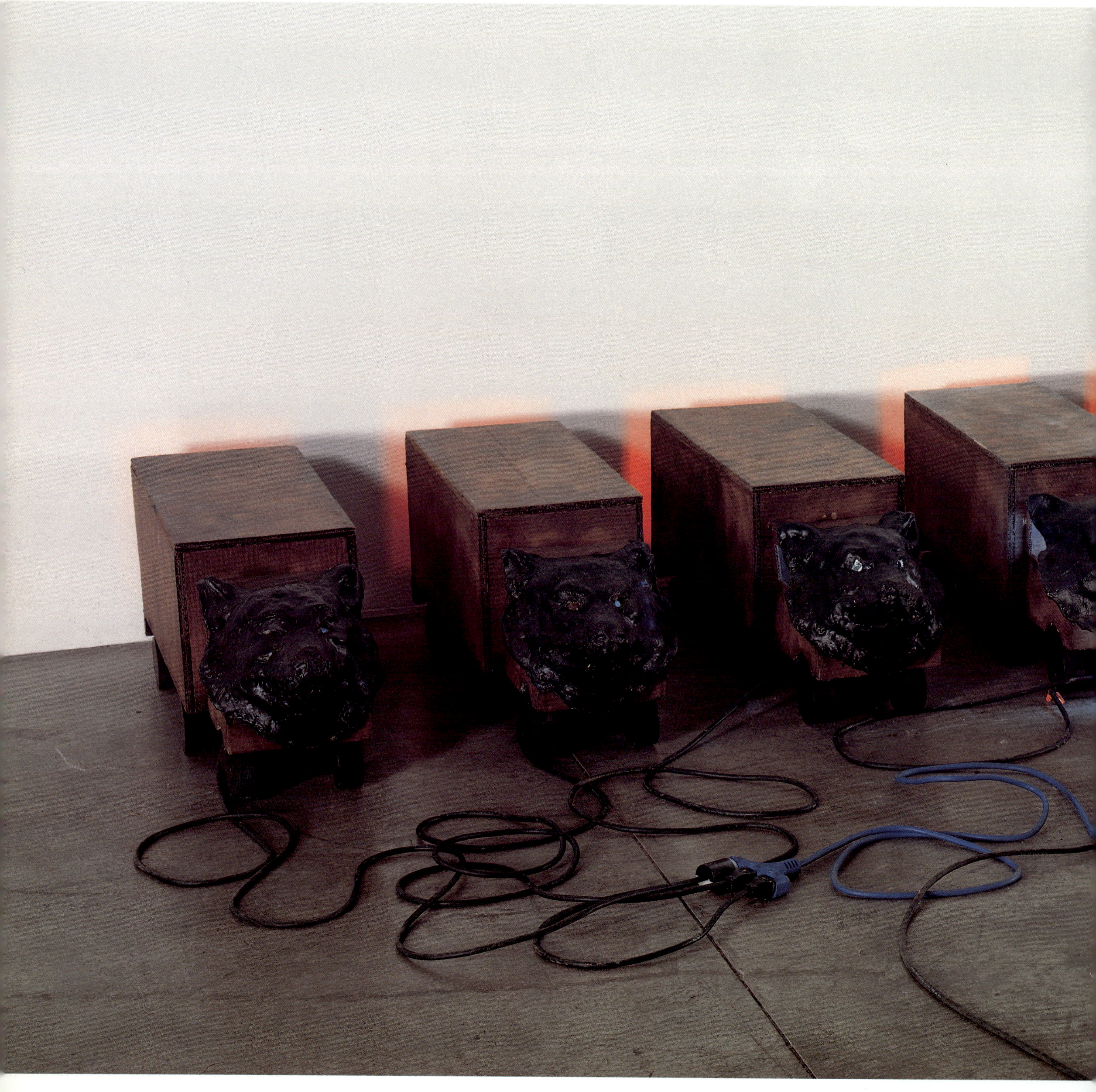

Wolf Trucks: Mobile Land Form Activators, 1994

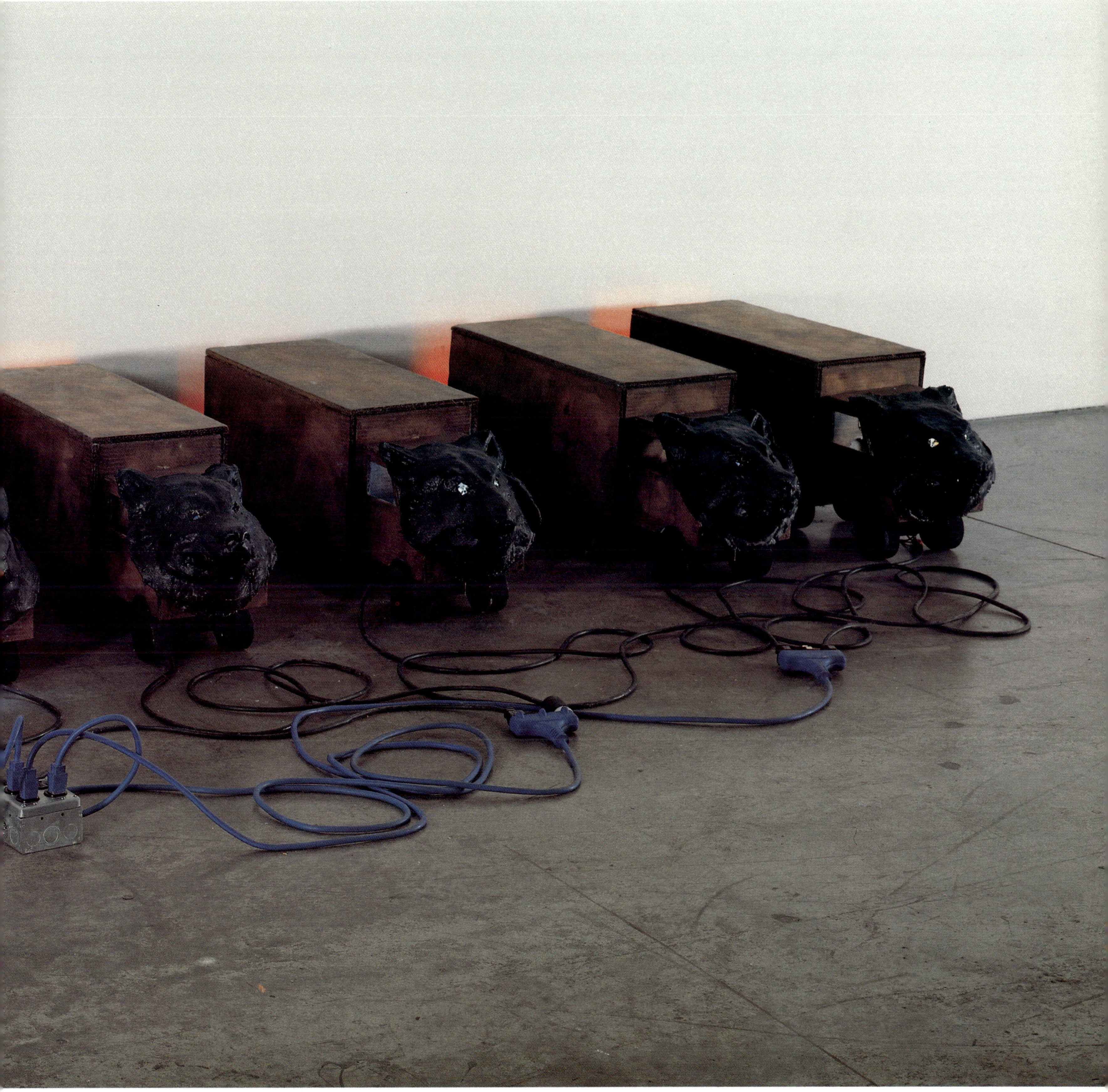

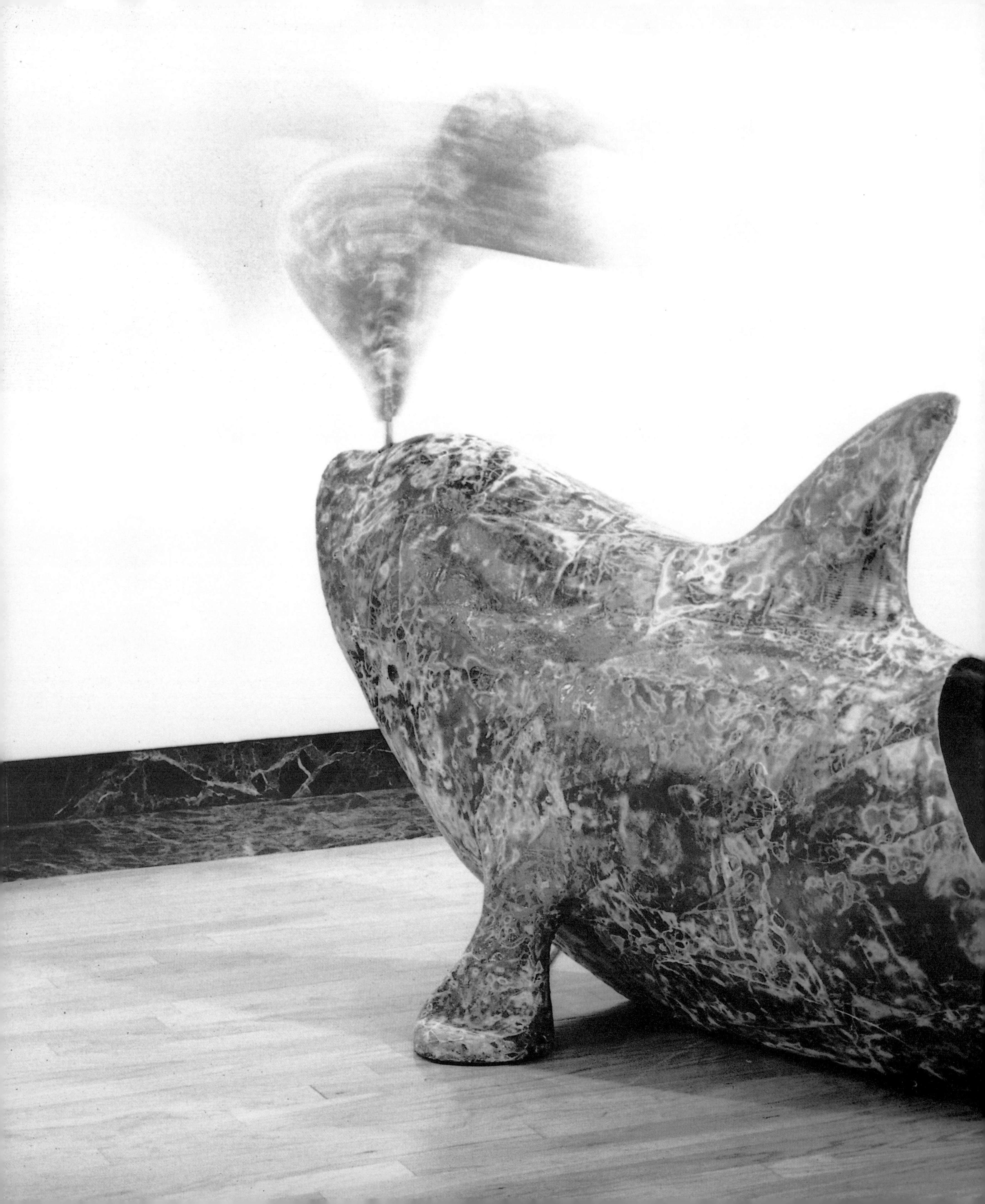

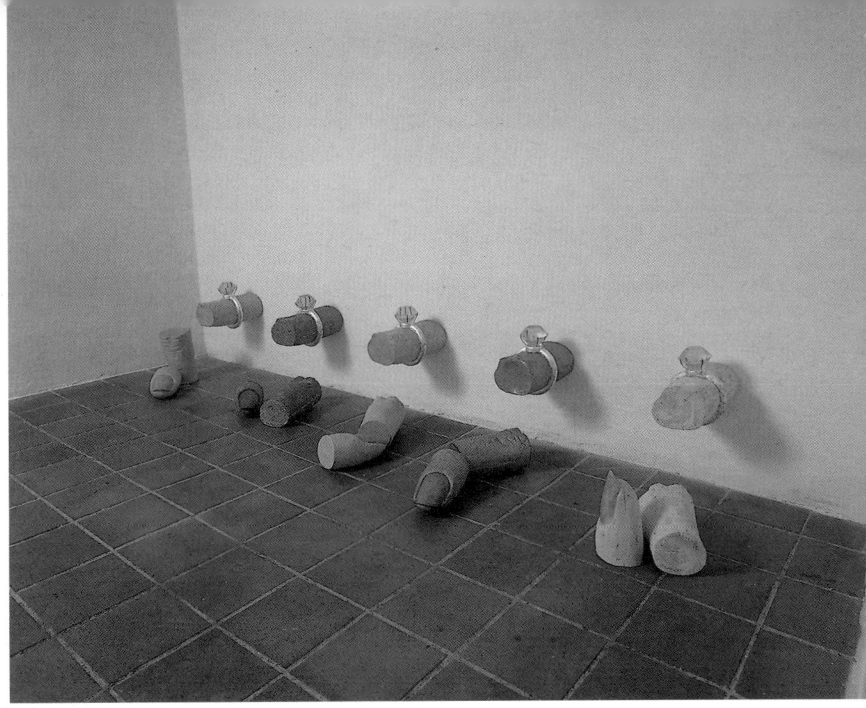

Em cima / Above
Italian Divorce, 1993
À esquerda / *Left*
Spinning Shark, 1994

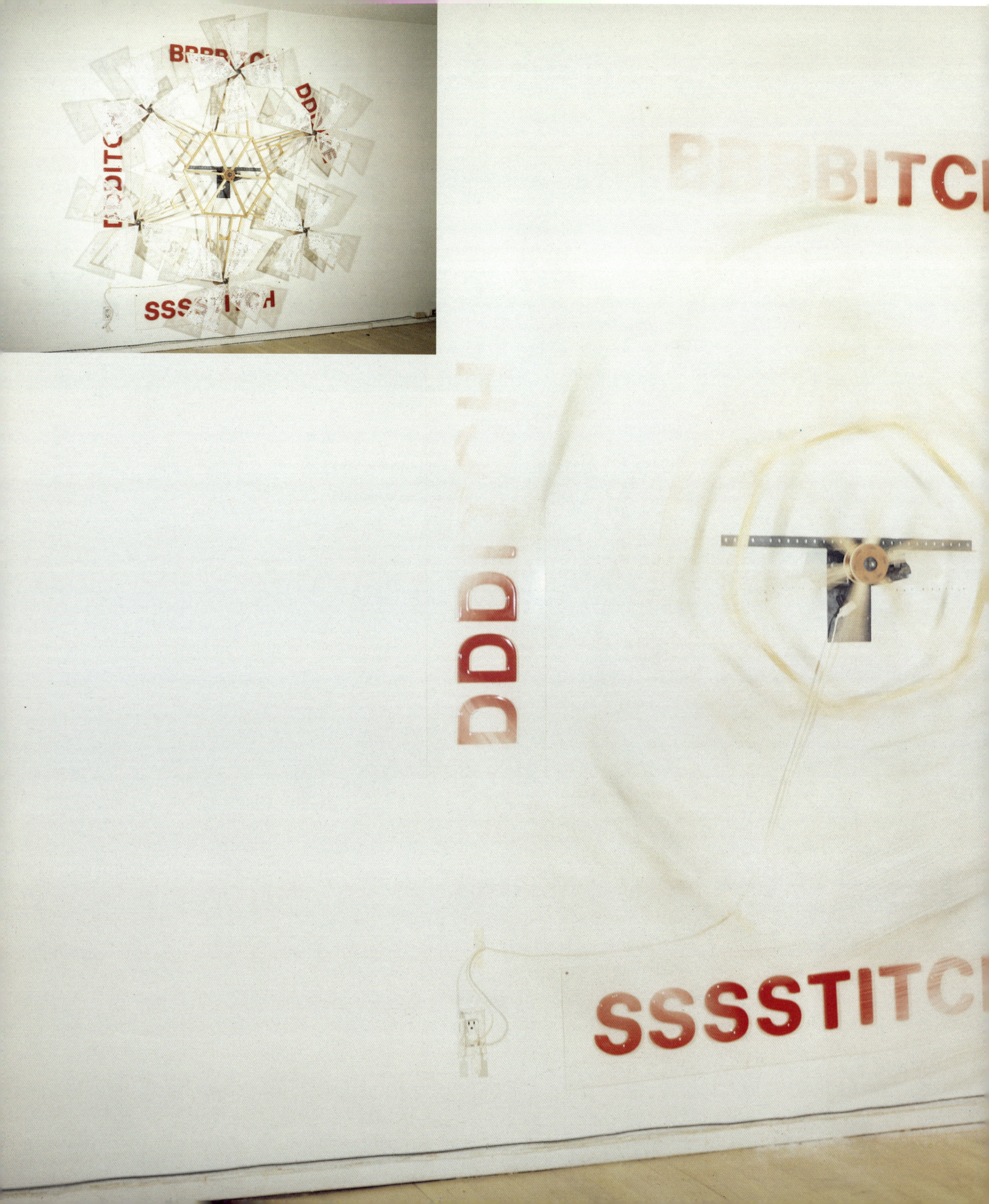
BITC
DDD
SSSSTITC

Windmill, 1995

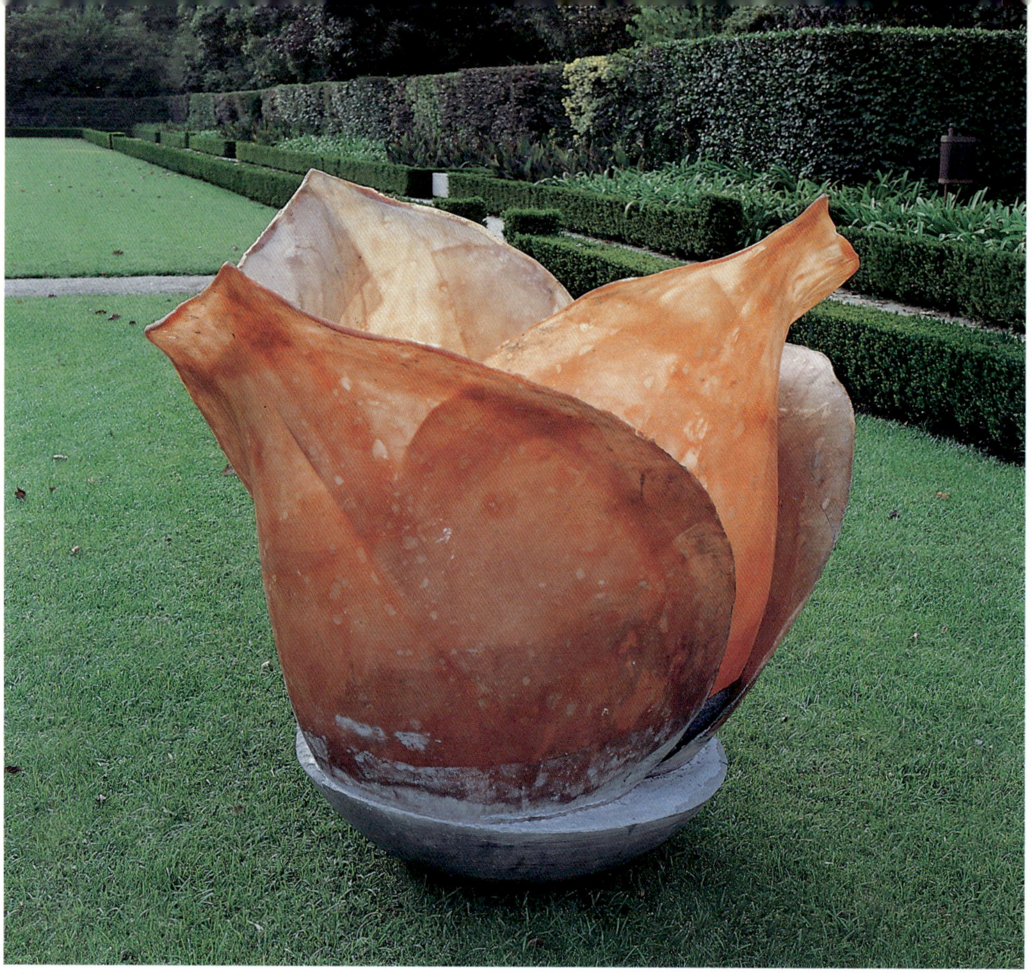

À esquerda / *Left*
Tar Roses,1996
Em Baixo / *Below*
The Old In and Out, 1995

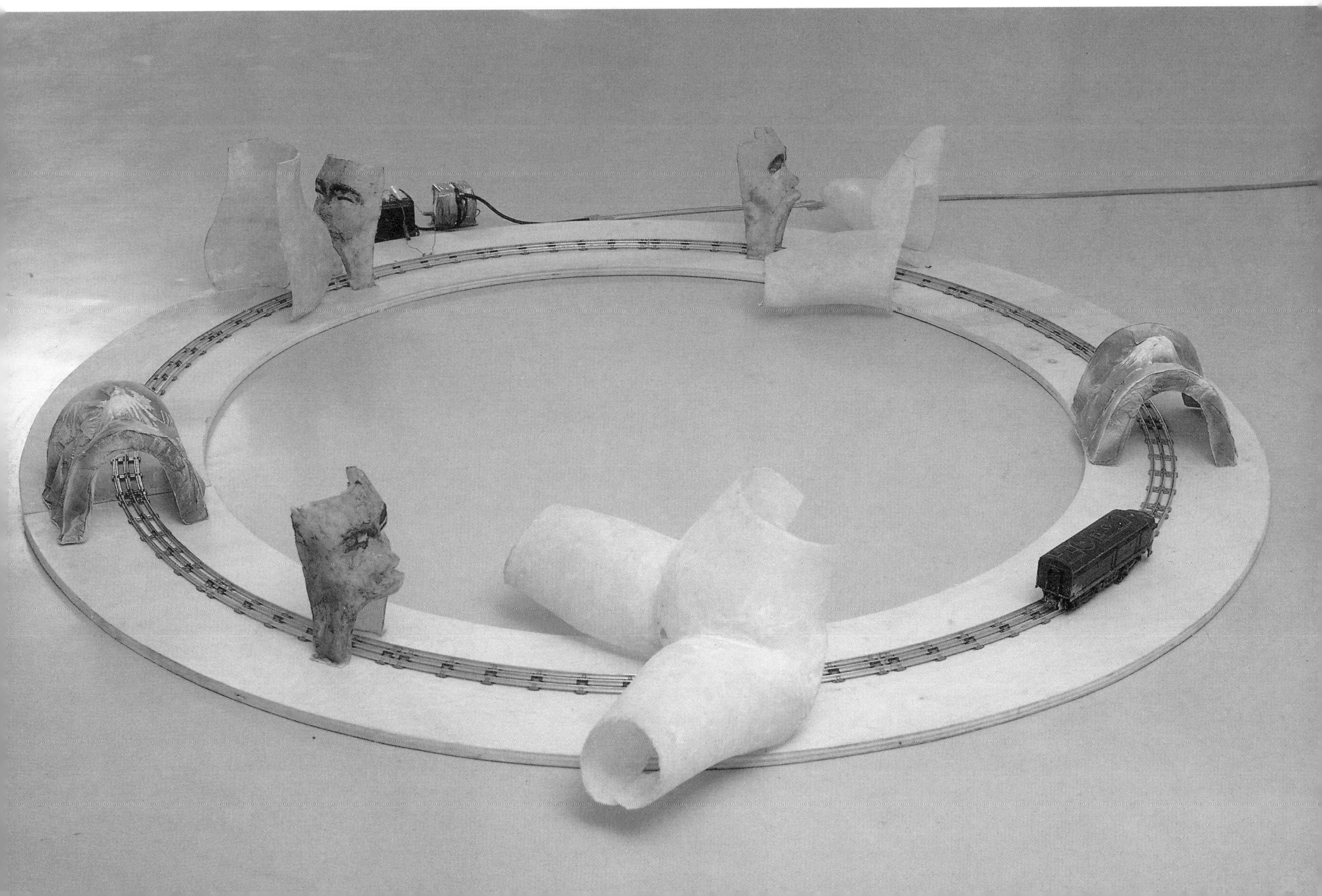

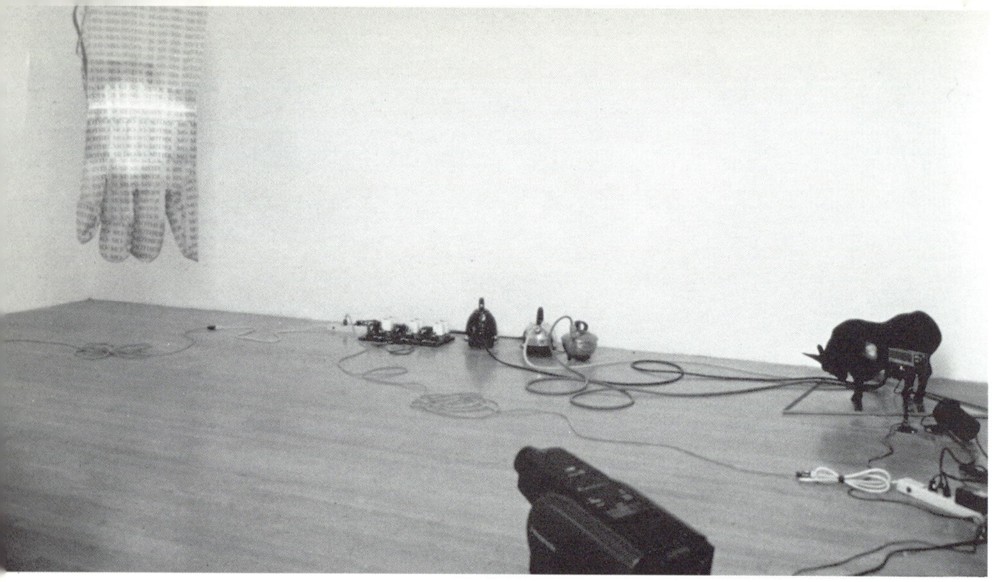

Em cima / *Above*
Blue Tattoo, 1992 -3
Em baixo / *Below*
Black Spaghetti, 1995

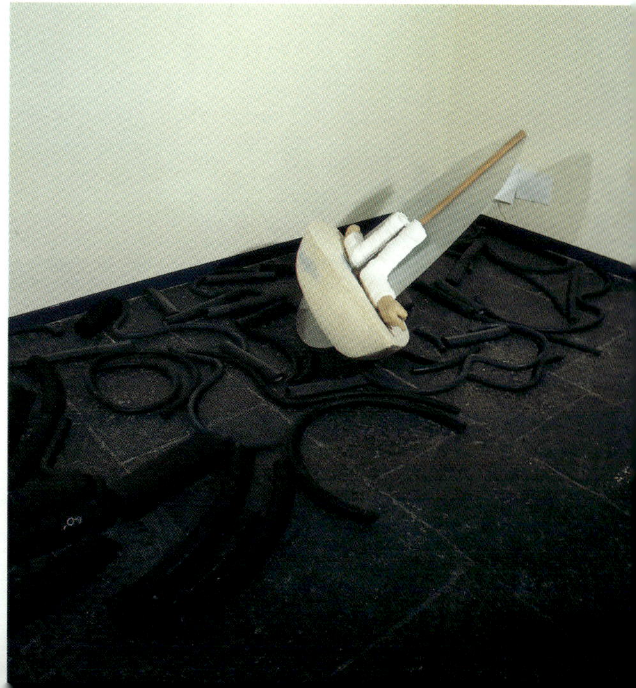

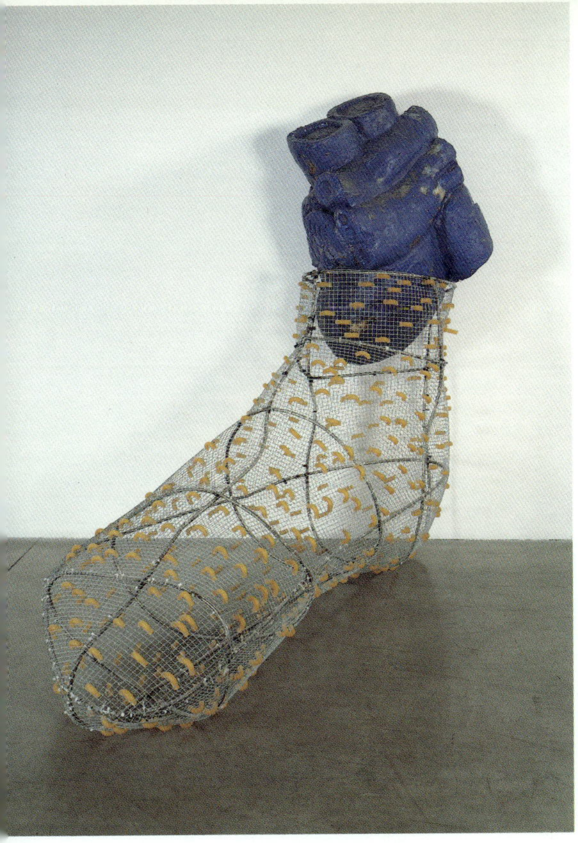

Em cima / *Above*
Clothed Organ, 1994
Em baixo / *Below*
Heavy Dog Kiss, 1993

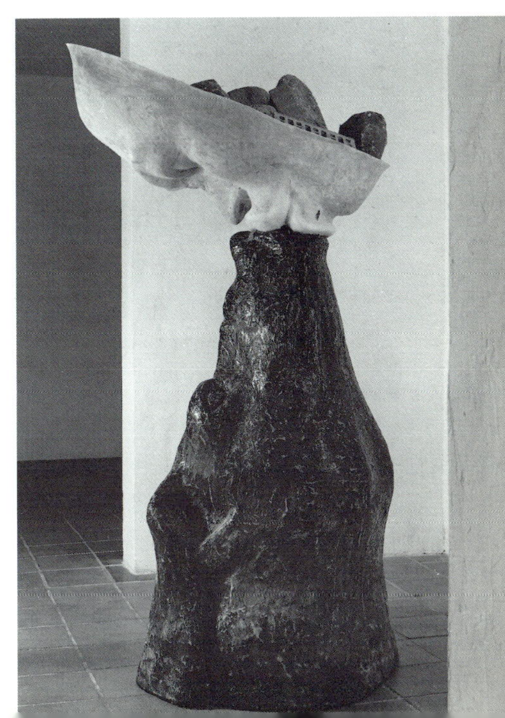

Biografia & Bibliografia Biography & Bibliography

DENNIS OPPENHEIM
Nasceu em 1938, em Electric City (Washington).
Born 1938, in Electric City (Washington).

1996

Exposições individuais • *One person exhibitions*

Centre International d'Arts Visuelles, Marseille, France
Vestsjaellands Kunstmuseum, Soro, Denmark
Galerie Asbaek, København, Denmark
Archer M. Huntington Art Gallery, Austin (Texas), USA
Galerie Pro Arte, Freiburg, Deutschland
Galerie Lucien Durand, Paris, France
Mannheimer Kunstverein, Mannheim, Deutschland
Rijksmuseum Kroller-Muller, Otterlo, Holland
Tweed Museum of Art, Duluth (Minnesota), USA
MAMCO, Genève, Suisse
Fundação de Serralves, Porto, Portugal
Galerie Eugen Lendl, Graz, Österreich

Exposições colectivas • *Group exhibitions*

Haines Gallery, "Matters of the Heart", San Francisco (California), USA
California Center for the Arts Museum, "Narcissism: Artists Reflect Themselves", Escondido (California), USA
Musée d'Art Moderne et d'Art Contemporain, "Chimeriques Polymeres", Nice, France
Museum of Contemporary Art, "Selections from the Collection", La Jolla (California), USA
Espace Belleville, "Outlook on Contemporary Sculpture", Paris, France
MAC Galeries Contemporaines des Musées de Marseille, "The Art Embodied", Marseille, France
Newport Harbor Art Museum, "Machine", Newport Beach (California), USA
Milwaukee Art Museum, "Landfall Press, Twenty-Five Years of Printmaking", Milwaukee (Wisconsin), USA
Alexander Soutzos Museum, "Selection from the Whitney Museum of American Art", Athens, Greece

Publicações periódicas • *Periodicals*

Austin American Statesman, "Still provocative after all this time", Madeline Irvine, February 21, p. E-11
Espana, "El PP, on 1.557 Millones es et parti de que mas se gastaea durante la campana", February 14, p. 25
Journal de Genève, "Dennis Oppenheim, artiste paysagiste de la pensee humaine", Jean-Pierre Wiittwer, April 11
The New York Times, Review, Roberta Smith, January 12, p. C-23
The Nouveau Quotidien, "Avec Dennis Oppenheim, les gens se sentent normaux et le monde parait très bizarre", Laurent Wolf
The San Diego Union Tribune, "Dreaming of Me", Robert L. Pincus, February 11, p. E-9
Tages Anzeiger, "Schach!-Kunst fur die Galle", Von Simon Maurer, April 9
Tribune de Genève, "Dennis Oppenheim opere un double retour a la casa zero", Lionel Bavier, March 30
Tribune de Genève, Review, March 30

Livros e catálogos • *Books and catalogs*

Dennis Oppenheim, Manheimer Kunstverein, Mannheim, Deutschland

1995

Exposições individuais • *One person exhibitions*

Galerie de la Tour, Amsterdam, Holland
Galerie Anselm Dreher, Berlin, Deutschland
Haines Gallery, San Francisco (California), USA
Galerie Albrecht, Münich, Deutschland
Ierimonti Gallery, Milano, Italia
Kunstsammlung Tumulka, Munch, Deutschland
Oliver Art Center, Oakland (California), USA
Butler Institute of Art, Youngstown (Ohio), USA

Exposições colectivas • *Group exhibitions*

Humphrey Gallery, "Forces", New York (New York), USA
American Fine Arts, "Mapping", New York (New York), USA
Exit Art, "Endurance", New York (New York), USA
Museum of Contemporary Art, "Reconsidering the Object of Art, 1965-1975", Los Angeles (California), USA
Biennale d'Lyon, Lyon, France
Phoenix Art Museum, "Rock n Roll: Currents in Contemporary Art", Phoenix (Arizona), USA
Mitzpe Ramon, "Construction in Process", Israel
Hill Gallery, "Popular Culture", Birmingham (Michigan), USA
Ludwig Museum, "Sound Sculpture", Koblenz, Deutschland
The Children's Museum, "Happening", San Diego (California), USA
Newport Harbor Art Museum, "Machine", Newport Beach (California), USA
Allen Memorial Art Museum, "Action /Performance", Oberlin (Ohio), USA
Capela da Gandarinha, "Modernidade: um Cádaver Esquisito", Cascais, Portugal
The Whitney Museum of American Art, "Altered and Irrational", New York (New York), USA
Lawrence Gallery, "Foundations", Rosemont (Pennsylvania), USA
Presentation House Gallery, "Death and the Family", Vancouver, B.C. Canada
Burchfield-Penney Art Center, "20 Years of Hallwalls", Buffalo (New York), USA
Vered Gallery, "Food in Art", East Hampton (New York), USA
Randolph Street Gallery, "Better Living through Chemistry", Chicago (Illinois), USA

Publicações periódicas • *Periodicals*

Amsterdams Nieuws, "Voor harde beelden ben id de geremd", Els Roes, May 16, 1995, p. CO4
Arte, "Dennis Oppenheim. El Significado Vertiginoso", Kim Bradley, April-June, 1995, pp. 19-24
Coaster, "The Arts: Machine at NHAM", Justine Kaplan, October 21, 1995,
Cover, review, Robert C. Morgan, Winter, 1995, p. 38
L'Espresso, "Metti l'Arte in Cuffia", Renato Barille, March 24, 1995, p. 195
Los Angeles Times, "It's Art, Because They Say It's Art", Kristin McKenna, October 8, 1995, pp. 6-7
Los Angeles Times, "Going Through the Motions Newport Harbor's 'Machine' Is Fun to Look at, but Doesn't Work", Cathy Curtis, November 7, 95, p. F-12
Recherches Poetiques, Interview, Anne-Francoise Penders, February, 1995, pp. 106-113
Register, "Artists Probe the Price of Progress", Daniella B. Walsh, November 12, 1995, p. 27
The Village Voice, "The Age of Ouch", Peter Schjedahl, March 28, 1995

Livros e catálogos • *Books and catalogs*

Dennis Oppenheim: The Old In And Out, Galerie de la Tour, Paris, France
Dennis Oppenheim, Kim Bradley, Ierimonti Gallery, Milano, Italia
Next, Primavera-Estate, Giorgio Titonel, Roma, Italia

1994

Exposições individuais • *One person exhibitions*

Palau de la Virreina, Barcelona, España
Blum Helman Warehouse, New York (New York), USA
Musée d'Art Moderne de la Communauté Urbaine de Lille, France (retrospective)
Joseloff Art Gallery, Hartford (Connecticut), USA
Galeria Greca, Barcelona, España
Galeria Aele, Madrid, España
Hoyt Institute of Art, New Castle (Pennsylvania), USA

Exposições colectivas • *Group exhibitions*
Stadtische Galerie Goppingen, "Zuge, Zuge", Goppingen, Deutschland
The Nathan Cummings Foundation, New York (New York), USA
California Crafts Museum, "Transparency + Metaphor", San Francisco (California), USA
Ecole des Beaux Arts de Lorient, Lorient, France
in SITE '94, San Diego (California), USA/ Tijuana, Mexico
Festival Iberoamericano de Teatro de Bogotá, Bogotá, Colombia
Museum Schlob Mosigkau, "East of Eden", Mosigkau-Dessau, Deutschland
Galerie de la Tour, "Personal Heroes", Amsterdam, Holland
National Gallery of Art, "From Minimalism to Conceptual Art", Washington, D.C., USA
California Center for the Arts Museum, "Wildlife", Escondido (California), USA
Hill Gallery, "Popular Culture", Birmingham (Michigan), USA
Hartman & Company, La Jolla (California), USA

Publicações periódicas • *Periodicals*
ArtNews, "When Artists go to the Movies", Paul Gardner, December, p. 124
Casting, "Dennis Oppenheim", Franco di Matteo, March, pp. 42-43
Culture, "Just Add Water", Paul Aho, March-May, pp. 2-4
Da Giovedi, "The Black Humor of Oppenheim", Patricia Ferri, January, p. 19
Flash Art International, Review, Laura Cherubini, March, p. 76
Kiosk, "An Interview with Artist Dennis Oppenheim", J.W. Morson, Spring, pp. 8-12
La Vanguardia, Review, Juan Bufill, November, p. 36
La Vanguardia, Interview, Olga Spiegel, November, p. 48
Olympic, "Suite Olympic Centennial: Oppenheim", Merceded Basso, November, p. 26
Parachute, Review, Sherry Gache, November, p. 45
Sculpture, Review, Valerie Mavridorakis, October/December, pp. 44-45
The Hartford Courant, "Artist Sees Beauty in the Bothersome", Jocelyn McClurg, August, p. E1
The New York Times, Review, William Zimer, October 2, p. 18

Livros e catálogos • *Books and catalogs*
Dennis Oppenheim, Palau de la Virreina, Barcelona, España
Dennis Oppenheim: Selected Works, 1967-1991, Alanna Heiss and Thomas McEvilley, Musée d'Art Moderne de la Communauté Urbaine de Lille, France (French translation)
Zuge, Zuge, Stadtische Galerie Goppingen, Goppingen, Deutschland
Drawings, Ecole des Beaux Arts de Lorient, Lorient, France
in SITE '94, San Diego (California), USA/ Tijuana, Mexico
East of Eden, Museum Schlob Mosigkau, Mosigkau-Dessau, Deutschland
From Minimalism to Conceptual Art, Ruth Fine, National Gallery of Art, Washington, D.C.
Wildlife, Reesey Shaw Center for the Arts Museum, Escondido (California), USA

1993

Exposições individuais • *One person exhibitions*
Galerie Asbaek, København, Denmark
Galerie Albrecht, Munich, Deutschland
Sala D'Exposicions, Principality of Andorra, Andorra
Blum Helman Gallery, New York (New York), USA
Porin Taidesmuseo, Pori, Finland (retrospective)
Oulun Taidesmuseo, Oulu, Finland (retrospective)
Ujazdoski Castle, Warsaw, Poland (retrospective)
Weatherspoon Art Gallery, Greensboro (North Carolina), USA
Boca Raton Museum of Art, Boca Raton (Florida), USA
Galerie Renee Ziegler, Zurich, Schweiz
Margaret Lipworth Fine Art, Boca Raton (Florida), USA
The Fabric Workshop, Philadelphia (Pennsylvania), USA
University Art Museum, University of California at Berkeley, USA
Progretto, Roma, Italia

Exposições colectivas • *Group exhibitions*
Geneentemuseum Arnheim, Sonsbeek '93, Arnhem, Holland
Brooklyn Museum, "The Second Dimension: Twentieth Century Sculptor's Drawings", Brooklyn (New York), USA
Galeria Senda, "Heads", Barcelona, España
Helander Gallery, "The Pet Show", New York (New York), USA
Chicago Cultural Center, "The Nature of the Machine", Chicago (Illinois), USA
Turbulence, "Art/Functional Art", New York (New York), USA
Fonds Regional d'Art Contemporain de Picardie, "Portraits d'Objects", Picardie, France
Galeria Greca, "Hommage to Miró", Barcelona, España
Epaces Art-Defense, "Differentes Natures", Paris, France
Haggerty Museum of Art, Marquette University, Milwaukee (Wisconsin), USA
Aldrich Museum of Contemporary Art, "Fall from Fashion", Ridgefield (Connecticut), USA
Haines Gallery, "Body Parts", San Francisco (California), USA
Center for the Fine Arts, "Photoplay: The Chase Manhattan Collection", Miami (Florida), USA
Arts & Projects, "Leading Edge", Salzburg, Österreich
Museum of Modern Art, "Recent Acquisitions: Prints", New York (New York), USA
Musée d'Art Moderne de Saint-Etienne, "La Donation Vicky Remy", Saint-Etienne, France
Centro Espositivo della Rocca Paolina, "Presenze", Perugia, Italia
Turner/Krull Galleries, "Action/Performance and the Photograph", Los Angeles (California), USA
Savage Fine Art, "It's a Beautiful Thing", Portland (Oregon), USA
Blum Helm Gallery, "The Bestiary", New York (New York), USA

Publicações periódicas • *Periodicals*
Artspace, "Looking for Love Gas", Tobey Crockett, March/April, pp. 46-49
Art Press, Interview, Eleanor Heartney, January, p. 12-19
Clockwatch Review, "The Storm at the End of the Rainbow", James Plath, Vol. 8, No. 1 & 2, pp. 113-123
Shift Fifteen, Interview, Maria F. Borges, Vol. 7, No. 1, pp. 52-55
SPOT, "Dennis Oppenheim: No Photography", Alison de Lima Greene, Spring (vol. 7/ no. 1), p. 3

Livros e catálogos • *Books and catalogs*
Art and Application, A.C. Danto, Turbulence, New York (New York), USA
Dolls in Contemporary Art: A Metaphor of Person Identity, Marquette University, Milwaukee (Wisconsin), USA
La Donation Vicky Remy, Editions du Musée d'Art Moderne, Saint-Etienne, France
The Nature of the Machine, Chicago Cultural Center, Chicago (Illinois), USA
Recent Works, Sala d'Exposicions del Govern, Andorra la Vella, Andorra

1992

Exposições individuais • *One person exhibitions*
Blum Helman Warehouse, New York (New York), USA
University Galleries, State University of Illinois,

Normal (Illinois), USA
Cleveland Center for Contemporary Art, Cleveland (Ohio), USA
Ace Contemporary Exhibitions, Los Angeles (California), USA
Galerie Marika Malacorda, Genève, Suisse
Galeria Greca, Barcelona, España
Haines Gallery, San Francisco (California), USA
Galerie Tobias Hirschmann, Frankfurt, Deutschland
High Museum of Art, Atlanta (Georgia), USA
Museum of Fine Arts, Houston (Texas), USA

Exposições colectivas • *Group exhibitions*
Blum Helman, "The Figure", New York (New York), USA
Blum Helman Warehouse, "Nauman, Oppenheim, Serra", New York (New York), USA
Musée d'Art Moderne et Contemporain, Genève, Suisse
Annina Nosel Gallery, "America Mundo 1992", New York (New York), USA
Franklin Parrasch Gallery, "The Endowed Chair", New York (New York), USA
Galerie Senda, "Inauguracion", Barcelona, España
Musée Abbaye Saint-Leger, "Cercles", Soissons, France
Fond Regional d'Art Contemporain de Picardie, "Dessins d'Ameriques", Picardie, France
Musée d'Art Moderne de la Communauté Urbaine de Lille, Villeneuve D'Ascq, "Yvon Lanbert Collections", Lille, France
Beatrixjp[ota, "Braom: Internal Affairs", Gorinchem, Holland
Galleria degli Uffizi, Paolo Uccello: Battles in the Art of XXth Century, Firenze, Italia
Musei de Spoleto, "Carmina Urbana", Cortona, Italia

Publicações periódicas • *Periodicals*
Artnews, Retrospective review, George Melrod, March, p. 123
Arts, Retrospective review, Dorothy Spears, March, p. 74
Atelier, "Wishing the Mountains Madness", Kay Larson, April, pp. 4-21
Los Angeles Times, Review, Susan Kandel, April 3, p. 16
New York Magazine, "High Wire Act", Kay Larson, January 6, pp. 52-53
New York Newsday, "Cold War Politics Meets the Art Scene", R. Amei Wallach, January 7, pp. 4-81
Parkett, "A Poesy of Diagnostics or the Object-Neurology of Dennis Oppenheim", Roger Denson, 33, pp. 20-29.
The Pantagraph, "Artwork Gives Sense of Mystery and Fun", Spencer Sauter, March 20, p. C2

Livros e catálogos • *Books and catalogs*
Dennis Oppenheim: Drawings, Barbara Rose, La Différence, Paris, France
Dennis Oppenheim: Drawings and Selected Sculpture, Kim Levin and Peter Spooner, University Galleries, Illinois State University, Normal (Illinois), USA
De-Persona, Paul Tomidy, The Oakland Museum, Oakland (California), USA
Carmina Urbana, Editrice Grafica L'Etruria, Cortona, Italia
Art in the Age of Aquarius, 1955-1970, William C. Seitz and Marla Price (Ed.), Smithsonian Institution Press, Washington, USA
Collections, The Macedonian Centre for Contemporary Art, Thessaloniki, Greece
De Bonnard a Baselitz, Estampes et Livres d'Artistes, Bibliothèque, Paris, France

1991

Exposições individuais • *One person exhibitions*
Galeria Pedro Oliveira, Porto, Portugal
Landfall Press, New York (New York), USA
Galerie Friebe, Ludenscheid, Deutschland
Galerie Gastaud, Clermont-Ferrand, France
Galerie Thierry Salvador, Paris, France
The Institute for Contemporary Art, P.S. 1 Museum, Long Island City (New York), USA (Retrospective)
Galerie Berndt + Krips, Köln, Deutschland
Howard Yezerski Gallery, Boston (Massachusetts), USA

Exposições colectivas • *Group exhibitions*
Michael Klein Inc., "Trains: Burden, Kessler, Oppenheim", New York (New York), USA
The Contemporary Arts Center, "Mechanika", Cincinnati (Ohio), USA
Simposio Internacional de Escultura al Aire Libre, Madrid, España
IIlme Biennale de Sculpture, Monte Carlo, Monaco
Fay Gold Gallery, "Outside America: Going into the 90's", Atlanta (Georgia), USA
The Oakland Museum, "Persona", Oakland (California), USA
Contemporary Arts Museum, "Word as Image", Houston (Texas), USA
Gallery 360, "Long, Heizer, Oppenheim", Tokyo, Japan
Galerie 1900-2000, "After Duchamp", Paris, France
Framartstudio, "Singolarita, L'Orizzonte Degli Enventi", Milano, Italia
Le Conseil Regional de Picardie, Amiens, France
Winnipeg Art Gallery, "Wild Things", Manitoba, Canada
Tacoma Art Museum, "Glass: Material in the Search of Meaning", Tacoma (Washington), USA
John Gibson Gallery", Sixties", New York (New York), USA
Espace 2000, "Autour de la Sculpture", Arachon, France

Publicações periódicas • *Periodicals*
Art Press, Review, Paul Ardenne, October, p. 94
Artforum, "The Dark Side of Dennis Oppenheim", Tobey Crockett, December, pp. 68-73
Dialogue, "Mechanike", Jan Riley, May-June, p. 36
Feuilleton, "Land Art: Landschaft als Kunst", February 8, p. 8
Flash Art, Review, Luk Lanbrecht, March-April, p.149
Het Parool, "Saboterende Kamikaze-piot", Ijsbrand Van Veelen, June 28, p.11
Kölner Sadt-Anzeiger, "Skulpturen Kommen nach Ussen", Jurgen Kisters, October 22
Lapiz, "Art as Imperative", Bernardo Pinto de Almeida, March, pp. 42-50
Ludenscheider Nachrichten, "Land Art: Landochaft als Kunst", Britta Hueck-Ehmer, February 8, p. 16
Newsday, "Mixing Stars, Stripes and Statements", Alastair Gordon, July 10
Rogue #8, Interview, 2. Jahrgang, p. 29
Sculpture Magazine, "Stalking the Invisible", Tobey Crockett, March-April, pp. 40-47
Tema Celeste, "A Conversation with Tricia Collins & Richard Milazzo", March-April, p. 68-74
The Journal of Art, "Existential Collisions ans Ghostly Herds", Calvin Reid, December, pp. 39-42
The New York Times, Review, Phyllis Braff, July 7, p.12
The New York Times, "Rebuking Tradition", Michael Kimmelman, December 20, p. C18

Livros e catálogos • *Books and catalogs*
Dennis Oppenheim: Selected Works 1967-90, Thomas McEvilley and Alanna Heiss, Harry N. Abrams, Inc. & The Institute for Contemporary Art, P.S. 1 Museum (New York), USA
Trains: Burden, Kessler, Oppenheim, Michael Klein Inc., New York (New York), USA
Mechanika, The Contemporary Arts Center, Cincinnati (Ohio), USA
Persona, The Oakland Museum, Oakland (California), USA
Words As Image, Contemporary Arts Museum, Houston (Texas), USA
After Duchamp, Galerie 1900-2000, Paris, France
Há um minuto no mundo que passa, Fundação de Serralves, Porto, Portugal

1990

Exposições individuais • *One person exhibitions*
Liverpool Gallery, Bruxelles, Belgique

Pierides Museum, Athens, Greece
John Gibson Gallery, New York (New York), USA
Ace Contemporary Exhibitions, Los Angeles (California), USA
Dart Gallery, Chicago (Illinois), USA
Galerie Lohrl, Monchengladbach, Deutschland
Galerie Berndt + Krips, Köln, Deutschland
Galerie Joachim Becker, Cannes, France
Le Chanjour, Nice, France
Galerie Tobias Hirschmann, Frankfurt, Deutschland

Exposições colectivas • *Group exhibitions*
Aldrich Museum of Contemporary Art, "Project: Installation", Ridgefield (Connecticut), USA
Casino Municipale di Venezia, "Casino Fantasma", Venezia, Italia
Albany Museum of Art, "Immaterial Objects", Athens (Georgia), USA
La Defense, "Une Collection Pour La Grande Arche", Paris, France
Carlo Lamagna Gallery, "Life Before Art: Images from the Age of Aids", New York (New York), USA
Exit Art, "Illegal America", New York (New York), USA
Jan Kesner Gallery, "Pharmacy", Los Angeles (California), USA
Santa Barbara (California), USA
The Art Advisory Service, MOMA, "Exchange of Information", New York (New York), USA
The Art Advisory Service, MOMA, "Menagerie", New York (New York), USA
Galerie 1900-2000, "Art Conceptuel/Formes Conceptuelles", Paris, France
Galerie Cremniter-Laffanour, "Cinq Sculpteurs Contemporains", Paris, France
History Museum of Lodz, "Construction in Process: Back in Lodz, 1990", Lodz, Poland
Pennsylvania Academy of Fine Arts, "Twentieth Century Realism", Philadelphia (Pennslyvania), USA
Usine de Meru", Les Quatre Elements", Meru, France
Independent Curators Incorporated, Benefit, New York (New York), USA
John Gibson Gallery, "American Express", New York (New York), USA
Security Pacific Coronation Gallery, "The Magic Circle", Los Angeles (California), USA
Katonah Musem of Art, "The Technological Muse", Katonah (New York), USA
USX Tower, "Downtown Kinetic", Philadelphia (Pennsylvania), USA
Vered Gallery, "La Fantastique", East Hampton (New York), USA
Musée Rath, "Collections: Tinguely a Armleder", Genève, Suisse

Publicações periódicas • *Periodicals*
Artweek, "Encounters with the Imagination", M. Timberman, April 26, p.12
Contemporeana, "D.O.", Sania Papa, September, p.95
Diagonals, Interview, Olivier Zahm, November-December, pp. 33-37
Galeries Magazine, "D.O.", Sania Papa, February-March, pp. 82-85
L'Express, "La Mecanique d'Oppenheim", Guy Gilsoul, October 5, p.165
Los Angeles Reader, "Documentary Art from Caves to Conceptualism", L. Andreoli-Woods, May 18
Tableau, "D.O. Slaat Niewe Weg In", Marlot Bloemhard, October, pp.124-128
Village View, "Nudge, Nudge, Wink, Wink", Vol. 4, June 15, p. 29
Village Voice, Review, Kim Levin, May 29, p. 112
Westdeutsche Zeitung, Review, Heike Bynm, March 5

Livros e catálogos • *Books and catalogs*
Dennis Oppenheim, Liverpool Gallery, Bruxelles, Belgique
Dennis Oppenheim Retrospective 1970-1990, Pierides Museum of Contemporary Art, Athens, Greece
Dennis Oppenheim, Galerie Lohrl, Monchengladbach, Deutschland
Ladon: Monsters of Mythology, Bernard Evslin, Chelsa House Publishers, New York (New York), USA
Word as Image, Milwaukee Art Museim, Milwaukee (Wisconsin), USA
The Technological Muse S. Fillin-yeh, Katonah Musem of Art, Katonah (New York), USA
Casino Fantasma, The Institute for Contemporary Art, New York (New York), USA
Trains, Michael Klein Inc., New York (New York), USA
Mondo Materials, G. Beylerian and J. Osbourne, Harry N. Abrams Inc., New York (New York), USA
The Faces of An Era, Carlo Prosperi, Edition Sine Invest, Paris, France
Art Conceptuel / Formes Conceptuelles, M. Fleiss and C. Schlatter, Galerie 1900-2000, Paris, France
Une Collection pour la Grande Arche, l'Arche de la Fratérnite, Paris, France

1989

Exposições individuais • *One person exhibitions*
Paris Art Center, Paris, France
Yvon Lambert, Paris, France
Elisabeth Franck, Knokke, Belgique
John Gibson Gallery, New York (New York), USA
Willoughby Sharp, New York (New York), USA
Anne Plumb Gallery, New York (New York), USA
Holly Solomon Gallery, New York (New York), USA
Pace MacGill Gallery, New York (New York), USA

Exposições colectivas • *Group exhibitions*
John Gibson Gallery, "Intuition", New York (New York), USA
Mai 36 Galerie, "Art in Safe", Ruine, Genève, Suisse
North Carolina Museum of Art, "Immaterial Objects", Raleigh (North Carolina), USA
The Aldrich Museum of Contemporary Art, "Project: Installation", Aldrich (Connecticut), USA

Publicações periódicas • *Periodicals*
Art in America, Review, Calvin Reid, July, p. 101
Art News, Review, Eleanor Heartney, April, p. 202
Artforum, Review, David Rimanelli, April, p. 101
Arts, Review, Robert Morgan, April, p. 96
Beaux-Arts, "Dennis Oppenheim", Vanessa Costa, March, p. 88
Los Angeles Times, "An Artful Turnaround", H. Harper, January 16, p. 18
New Art International, "The Theatre of Memory", A. Izzo, Summer, p. 16
New Art International, Interview, Carlo Prosperi, Summer, p. 24
New York Times, "Kinetic Sculpture Using Toys, Fire and Water", Roberta Smith, January 20, p. C24
New York Times, "The Aldrich Fills It's Rooms with Expansive Sculptures", William Aimmer, November 12
Splash, "Ghosts in the Machine", Tobey Crockett, February

Livros e catálogos • *Books and catalogs*
Dennis Oppenheim, Elisabeth Franck Gallery, Knokke-Le-Zoute, Belgique
Art in Safe, Ian Anull, Verlag Vexer, St. Gallery, Suisse
Intuition, R. Nickas, John Gibson Gallery, New York (New York), USA
Project: Installation, The Aldrich Museum of Contemporary Art, Ridgefield (Connecticut), USA
Art Symposium, Minos Beach, Crete, Greece
Photo-Kunst, Jean-Francois Chevrier, Edition Cantz, Stuttgart, Deutschland
Immaterial Objects, Richard Marshall, The Whitney Museum of American Art, New York (New York), USA
Collection du Fonds Regional d'Art Contemporain Nord PS-de-Calais, l'Associazione Culturale Italo-Francese di Bari, Mordacq, Aire-sur-la-Lys, France
Video-Skulptur Retrospektiv und Aktuell 1963-1989, W. Herzongenrath and E. Decker, Kolnischer Kunstverein, Dumont, Köln, Deutschland
Coming to Terms with Medieval Cypriot Ceramics

through Contemporary Art, Sania Papa, The Pierdes Foundation, Larnaka, Cyprus

1988

Exposições individuais • *One person exhibitions*

Gallery 360, Tokyo, Japan
Anne Plumb Gallery, New York (New York), USA
Walker Art Center, Seoul, South Korea

Exposições colectivas • *Group exhibitions*

Second International Sculpture Symposium, Olympic Park, Seoul, South Korea
American Representative Art Symposium, Myndos Beach, Crete, Greece
Centre d'Art Contemporain, "Human Rights: 40th Anniversary", Genève, Suisse
Cleveland Center for Contemporary Art, "Turning Point: Art and Politics in 1968", Cleveland (Ohio), USA
Sarah Lawrence College, "Process and Print", Bronxville (New York), USA
James Corcoran Gallery, "Lost and Found in California", Santa Monica, (California), USA
Elizabeth Franck Gallery, Knokke, Belgique
Helander Gallery, "Figure It Out", Palm Beach (Florida), USA
Helander Gallery, "East Side-West Side", Palm Beach (Florida), USA
The Queens Museum, "Photography and Art; Interactions", Queens (New York), USA
Althea Viafora Gallery, "Raw Materials", New York (New York), USA
R.C. Erpf Gallery, "Private Works for Public Spaces", New York (New York), USA
The Chrysler Museum, "This is not a Photograph", Norfolk (Virginia), USA
Arnot Art Museum, "From the Collection of Dorothy and Herbert Vogel", Elmira (New York), USA
Whitney Museum of American Art, "Identity: Representations of the Self", New York (New York), USA
Gallerie Françoise Lambert, Milano, Italia

Publicações periódicas • *Periodicals*

Anchorage Times, "Art Talk", Karen Stahlecker, October 23, p. F1
Arts, Review, P. Cyphers, October, p. 105
Artweek, "Out of Context", R. Dolnit, April 17, p. 1
East Hampton Star, "Olympic Sculpture", June 30, p. 16
Korea Times, "2nd Int'l Open Air Sculpture Symposium Produces Works of Metal Composites", I. Kim, April 30, p. 28
New York Press, Review, R. Mahoney, August 5, p. 8
The New York Times, Review, M. Kimmelman, August 19, p. 33
The New York Times, "For the 60's Devotees, A Show Fraught with Nostalgia", J. Russell, November 27, p. 36
The New York Times, "A Potent Look Back at 1968: A Visual Memory of Social Change", William Zimmer, November 27, p. 36
Village Voice, "Sleeper's Awake?" J. Perreault, December 13, p. 113

Livros e catálogos • *Books and catalogs*

Beyond Modernism, Kim Levin, Harper & Row Publishers, New York (New York), USA
Lost and Found in California. Four Decades of Assemblage Art, James Concoran Gallery, Santa Monica (California), USA
The Turning Point: Art and Politics in 1968, Nina C. Sundell, The Cleveland Center for Contemporary Art, Cleveland (Ohio), USA
Dennis Oppenheim, Walker Hill Art Center, Seoul, South Korea
Kroller-Muller: The First Hundred Years, Rijksmuseum Kroller Muller, Otterlo, Holland

1987

Exposições colectivas • *Group exhibitions*

Helander Gallery, "Works of Wood", Palm Beach (Florida), USA
Charles Cowles Gallery, "Stanford Artists in New York", New York (New York), USA
Aspen Museum of Art, "Pop Art, Minimal Art, Etc.", Aspen (Colorado), USA
Corcoran Gallery of Art, "American Masters: Works on Paper", Washington, D.C., USA
Elisabeth Galasso Gallery, "Madness in America", Ossining (New York), USA
John and Mable Ringling Museum of Art, "This is not a Photograph", Sarasota (Florida), USA; Akron Art Museum, Akron (Ohio), USA
Laguna Gloria Art Museum, "Art That Moves", Laguna (Texas), USA
Christopher Felver, Roma, Italia
Furniture of the Twentieth Century, "Personal Visions", New York (New York), USA
Herter Art Gallery, "Contemporary American Collage 1960-1986", University of Massachusetts, Amherst (Massachusetts), USA

Publicações periódicas • *Periodicals*

Austin-American Statesman, "Art That Moves", M. McCombie, March 19, p. G3
Daily Texan, "Power of Movement Pervades Laguna Exhibit", L. Foerster, April 2, p. 10
Milwaukee Journal, "Nuts and Bolts of Art", J. Auer, August 2, p. 14E
New Art Examiner, "Eccentric Machines", J. Schultz, September, p. 55
Seattle Post Intelligencer, "Nuts and Bolts Art", R. Hackett, June 12, P1
The New York Times, "American's Sculpture Will Top West Berlin Gate", February 15, p. 73

Livros e catálogos • *Books and catalogs*

Photography and Art, A. Grundberg and K. Gauss, Abbeville Press, New York (New York), USA
Contemporary American Collage 1960-1986, Herter Art Gallery, University of Massachusetts at Amherst, Amherst (Massachusetts), USA

1986

Exposições individuais • *One person exhibitions*

Tolarno Galleries, South Yarra, Australia
Laumeier Sculpture Park, St. Louis (Missouri), USA

Exposições colectivas • *Group exhibitions*

Elisabeth Franck Gallery, Knokke-Le-Zoute, Belgique
Department of Cultural Affairs, "1986: A Celebration of the Arts Apprenticeship Program", New York (New York), USA
Queens Museum, "Television's Impact on Contemporary Art", Queens, (New York), USA
Butler Institute of American Art, "Fireworks", Youngstown (Ohio), USA

Publicações periódicas • *Periodicals*

Pittsburgh Post Gazette, "Need for Self-Analysis Exhibited in Ohio Show", D. Miller, October 4
Plain Dealer Cleveland, "Metal Works Exhibit Shows Artist's Mettle", H. Cullinan, December 6, p. 21-A
St. Louis Post Dispatch Sunday Magazine, P. Degener, September 14
St. Louis Post Dispatch, "Oppenheim Drawings Shown at Laumeier", J. Harris, May 30, p. 48
Vindicator, photo, "Launching Structure", October 2, p. 4

Livros e catálogos • *Books and catalogs*

The Tate Gallery 1982-84, Tate Gallery Publications, Millbank, Great Britain

1985

Exposições individuais • *One person exhibitions*

Sander Gallery, New York (New York), USA
Grand Rapids Art Museum, Grand Rapids (Michigan), USA
Alan Brown Gallery, Hartsdale (New York), USA
Knight Gallery, Charlotte (North Carolina), USA
Elisabeth Franck Gallery, Knokke, Belgique

Exposições colectivas • *Group exhibitions*

Whitney Museum of American Art at Philip Morris, "Modern Machines", New York (New York), USA
Paleis voor Schone Kunsten, "Time: The Fourth Dimension in Art", Bruxelles, Belgique
Symposium National de Sculpture Monumental Metallique, Thiers, France
Anne Plumb Gallery, Group Exhibition, New York (New York), USA
Hillwood Art Gallery, "The Doll Show: Dolls and Figurines", Greenvale (New York), USA
Edith C. Blum Art Institute, "The Maximal Implication of the Minimal Line", Annandale-on-Hudson (New York), USA
City Gallery, Department of Cultural Affairs, "1986: A Celebration", New York (New York), USA

Publicações periódicas • *Periodicals*

Ball State Daily News, "Artists Comments on Themes of Anarchy, Irrationality in Works", S. Uptgraft, April 4, p. 6
Citizen's Journal Press, "Ground Breaking Gala on Tap for OSU's Visual Arts Center", I. Edwards, September
Grand Rapids Press, "Oppenheim to Lecture at Art Museum", August 25
Grand Rapids Post, "D.O.'s Piece is a Delight at Art Museum", M. Pierce, September 2
Michigan Press, "Artist to Lecture at Art Museum", August 28, p. 287
Michigan Press, "Large Sculpture Shoen at GR Museum", August 23, p. 287
Michigan Press, "Exhibition Features Inventions", July 31
Michigan Press, "Sculptor Scheduled for Museum Lecture", September 3
Newsletter: Grand Rapids Art Museum, Grand Rapids (Missouri), USA, September-October
Ohio State Lantern, "Senior Class Gift Is First of a Series", J. O'Connor, August 9, p. 3
The New York Times, Review, V. Raynor, March 15
Village Voice, "D.O. : Project Drawings", G. Trebay, April 2
Visitor, "Dream Factory", August-September, Vol. 17

Livros e catálogos • *Books and catalogs*

Sculptures, Foundation Cartier, Jouy-en-Josas, France
Symposium National de Sculpture Monumentale Metallique, La Ville de Thiers, Thiers, France
Dennis Oppenheim: Accelerator for Evil Thoughts, Alain G. Joyaux, Ball State University Art Gallery, Ball State (Indiana), USA
The Maximal Implications of the Minimal Line, L. Weintraub, Edith C. Blum Art Institute, Bard College, Annadale-on-Hudson (New York), USA

1984

Exposições individuais • *One person exhibitions*

Braunstein Gallery, San Francisco (California), USA
Hans Mayer, Düsseldorf, Deutschland
Sander Gallery, New York (New York), USA
Philadelphia Art Alliance, Philadelphia (Pennsylvania), USA
Center for Contemporary Art, Palm Beach (Florida), USA
Françoise Lambert, Milano, Italia
Yvon Lambert, Paris, France
San Francisco Museum of Modern Art, San Francisco, California, USA
La Jolla Museum of Contemporary Art, La Jolla (California), USA
ZHTA-MI, Thessaloniki, Greece
Visual Arts Center, Anchorage, Alaska
Tel Aviv Museum, Tel Aviv, Israel

Exposições colectivas • *Group exhibitions*

Jacksonville Art Museum, "Currents: A New Mannerism", Jacksonville (Florida), USA
Bette Stoler Gallery, "Ars Ex Machina", New York (New York), USA
University Art Museum, "Bruce Nauman/Dennis Oppenheim: Drawings and Models for Albuquerque Commissions", University of New Mexico, Albuquerque (New Mexico), USA
Edith C. Blum Art Institute, "Land Marks", Bard College, Annadale-on-Hudson (New York), USA
Malmo Konstall, "New Media II", Malmo, Sweden
Chicago International Sculpture Exposition, "Mile 3", Chicago (Illinois), USA
Artpark, Lewiston (New York), USA
Museum of Contemporary Art, "Selections from the Permanent Collection", Chicago (Illinois), USA
Galerie Littmann, "Dennis Oppenheim, Christo, Heinz Tesar", Basel, Schweiz
Quebec 1534-1984, Quebec, Canada
Patty Aande Gallery, San Diego (California), USA
Lehigh University Art Galleries,"Sculptural Ideas", Bethlehem (Pennsylvania), USA
Philadelphia Art Alliance, "Sculptural Ideas", Philadelphia (Pennsylvania), USA
Pennsylvania Academy of Fine Arts, "Recent Acquisitions", Philadelphia (Pennsylvania), USA
Hirshhorn Museum and Sculpture Garden, "Content: A Contemporary Focus, 1974-1984", Washington, D.C., USA
Ted Greenwald Gallery, Inc., "Artist's Weapons", New York (New York), USA
Stellweg Seguy Gallery, "Soul Catchers", New York (New York), USA

Publicações periódicas • *Periodicals*

Anchorage Daily News, "Metal Sculpture", D. Stabler, November 11, 1-6
Anchorage Times, "Swirling Sculpture", October 10
Anchorage Times, "Sculpture Provokes Diverse Response", R. Gluckman, November 3, B-5
Anchorage Times, "Artist Takes Offense at Fenced-in Sculpture", R. Gluckman, November 8, A-1
Anchorage Times, "University Sculpture Reflects Artist's Unconventional Flair", R. Gluckman, November 18
Artforum, Review, D. Kuspit, May, p. 85
Artforum, Review, D. Kuspit, December, p. 96
Arts Magazine, Review, T. Lichtenstein, April, p. 71
Artweek, "D.O. and the Eternal Machine", C. Simmons, May 19, p. 1
Buffalo Evening News, "Works That Move You", R. Morgan, September 24
Chicago Tribune, Review, May 11
Democrat and Chronicle, "Works That Move You", R. Morgan, July 14, p. D-1
Flint Journal, Review, J. Harvey, October, p. F-1
High Performance, "Trunks of the Mind", M. Miffin, Vol. 8, #4
Jerusalem Post Magazine, "Machinations of the Mind", G. Goldfine, September 26, p. E-2
Northwest Orient, "Frontiers of Culture", April
Potsdam State University Newsletter, Review, L. Cania, August 22
San Francisco Chronicle, "Sculptor's Factories of Thought", K. Regan, May 31, p. 64
San Francisco Examiner, "The Brainstorming Think-Pieces of D.O.", A. Morch, May 28, p. 7
Syracuse Daily News, "Machine as Metaphor", T. Tilton, September
Syracuse Herald, "Oppenheim's 'Machine-Works' Give Structure to Concepts", S. Chayat, July 8, p. 2
Syracuse Herald, "And Just Marvelous", R. Hammond, July 13, p. D-13
Syracuse Post Standard, "Artwork May Soon Go Over with a Bang", J. Barth, August 28, p. B-2
The Tribune, "Artist's Machines Mirror Human Foibles", C. Shore, June 1, p. D-1
Visual Art, "Puer Aeternus: The Eternal Boy in Art", B. Brown, Summer, 45
Watertown Daily Times, "Sculpture Explodes While 6,000 Watch", S. Billmyer, August 30, p. 1
West Art, "Experimenting with New Forms", May 25

Livros e catálogos • *Books and catalogs*

Dennis Oppenheim, AMAM & Erik Franck Gallery, Genève, Suisse
Collection, Erika and Rouf Hoffmann, Monchengladbach, Deutschland

Chicago Sculpture International, Chicago (Illinois), USA
Contemporary Artists, St. Martin's Press, New York (New York), USA
Ecritures dans la Peinture, Vol. 1, Vol. 2, Centre National des Arts Plastiques, Villa Arson, Nice, France
Dennis Oppenheim, The Tel Aviv Museum, Helena Rubinstein Pavillion, Tel Aviv, Israel
Land Marks, Edith C. Blum Art Institute, Bard College, Annandale-on-Hudson (New York), USA
New Media, Malmo Konsthall, Sweden
Resource/Reservoir, San Francisco Museum of Modern Art, San Francisco (California), USA
Sculptural Ideas, Lehigh University Art Galleries, Bethlehem (Pennsylvania), USA
SOLS, Foundation Nationale des Arts Graphiques et Plastiques, Paris, France
The Art Dealers, L. deCpooet and A. Jones, Clarkson, N. Potter, Inc., New York (New York), USA

1983

Exposições individuais • *One person exhibitions*
Akira Ikeda Gallery, Tokyo, Japan
Flow Ace Gallery, Venice (California), USA
Galerie Schurr, Stuttgart, Deutschland
Galerie Eric Franck, Genève, Suisse
Serra di Felice, New York (New York), USA
Seattle Art Museum, Seattle (Washington), USA
Munson-Williams-Proctor Institute, Utica (New York), USA
Yorkshire Sculpture Park, West Bretton, England
Whitney Museum of American Art, New York (New York), USA

Exposições colectivas • *Group exhibitions*
Ceolfrith Gallery, Sunderland Arts Centre, "Drawings in Air", Sunderland, England
The Banff Centre, School of Fine Arts, Banff, Alberta, Canada
Tel-Hai College Art Institute, "Tel-Hai '83", Upper Galilee, Israel
Palais des Beaux-Arts, "Video Art: Retrospectives /Perspectives", Bruxelles, Belgique
Manhattan Art, "Christmas Present", New York (New York), USA
Museum of Contemporary Art, "Earthart from the Permanent Collection", Chicago (Illinois), USA
Washington Project for the Arts, "Sound Senn", Washington, D.C., USA
Kunsthaus Zurich, "Selections form the Collection", Zurich, Schweiz
Nationalgalerie Berlin, "Kunst mit Photographie", Berlin, Deutschland
Stadtische Kunstmuseum Bonn, "Video", Bonn, Deutschland

Publicações periódicas • *Periodicals*
Anchorage Times, "Exploding House", J. Holloweel, September 25, p. 26
Art in America, Exhibition Review, J. Crary, January, p. 87
Arte, "La Fabbrica del Capolvari", Cabutti, February, p. 65
Artweek, "Mechanical Confrontations", K. Norklum, March, p. 26
Bomb, "Sculpture and Fiction", April, p. 33
Calgary Herald, "Installations", N. Tousley, August 4, p. F6
Das Kunstmagazin, Fattoria di Celle, August, p. 84
Express, "Dennis Oppenheim's Infinitely Ambiguous Objects", D. Wall, August/September, p. 8
Japan Times, Exhibition Review, B. Thoren, February 27, p. 7
Juliet, "Dennis Oppenheim", April/May, pp. 17-19
Studio International, "Interview with Dennis Oppenheim", D. Walker, vol. 196, no. 999, pp. 39-41
Tableau, "Recent Works of Dennis Oppenheim", J. Robinson, Summer, pp. 406-410

Livros e catálogos • *Books and catalogs*
Dennis Oppenheim, Akira Ikeda Gallery, Tokyo, Japan
Currents: Contemporary Directions in the Visual Arts, H.J. Smagula, Prentice-Hall, Inc., Englewood Cliffs, New Jersey, USA
Overlay, L.R. Lippard, Pantheon Books, New York (New York), USA
World Art Trends 1982, J.L. Pradel (Ed.), Harry N. Abrams, Inc., New York (New York), USA
Contemporary Paintings Drawings and Sculpture, Sotheby, Parke Bernet, Inc., New York (New York), USA
Minimal, Earth and Conceptual Art, Jazzpetie, Prague, Czechoslovakia
American Drawings, Watercolors, Pastels and Collages, The Concoran Gallery of Art, Washington, D.C., USA

1982

Exposições individuais • *One person exhibitions*
Marianne Deson Gallery, Chicago (Illinois), USA
Rijksmuseum Kroller-Muller, Otterlo, Holland
Mills College Gallery, Oakland (California), USA
Galerie Stampa, Basel, Schweiz
Ikon Gallery, Birmingham, England
Lewis Johnstone, London, England
Musée d'Art et d'Histoire, Genève, Suisse
Olsen Gallery, New York (New York), USA
Bonlow Gallery, New York (New York), USA
Vancouver Art Gallery, Vancouver, British Columbia, Canada
Taub Gallery, Philadelphia (Pennsylvania), USA
University Gallery of Fine Art, Ohio, USA State University, Columbus (Ohio), USA

Exposições colectivas • *Group exhibitions*
Wuttembergischer Kunstverein Stuttgart, "Past, Present-Future", Stuttgart, Deutschland
Musée d'Art Moderne de la Ville de Paris, ARC 2, "Alea", Paris, France
Guild Hall, "Artist and Printmaker: Printmaking as a Collaborative Process", East Hampton (New York), USA
Fattoria di Celle, Pistoria, Italia
"Documenta Urbana", Kassel, Deutschland
Chicago Sculpture Society, "Mile of Sculpture", Chicago (Illinois), USA
Oakland Museum, "100 Years of California Landscape", Oakland (California), USA
Franklin Furnace, "Illegal America", New York (New York), USA
University of Southern Florida, "Currents: A New Mannerism", Tampa (Florida), USA
Creative Time, Inc., "Art on the Beach", New York (New York), USA
Galerie Isy Brachot, "Art Sans Frontières", Bruxelles, Belgique
Express/ Network, "Model Citizens Against Post-Modernism", New York (New York), USA
14 Sculptors Gallery, "Drawings, Models, Sculptures", New York (New York), USA
Gowanus Memorial Artyard, "The Monument Redefined", Brooklyn (New York), USA
Galleria Mario Pieroni, "Accardia, Oppenheim, Pistoletto", Roma, Italia
Mura Aura Aureliane, "Avanguardia/Transavanguardia", Roma, Italia

Publicações periódicas • *Periodicals*
Art Monthly, "Dennis Oppenheim", R. Ayers, May, pp. 17-19
Art News, "Art Between Mind and Matter", E. Schwartz, December, pp. 56-61
Art World, "Rockets Red Glare", J. Tully, Summer, p. 7
Artforum, Exhibition Review, T. Lawson, September, p. 78
Artscribe, Exhibition Review, S. Morgan, June, pp. 60-62
Basler Zeitung, Exhibition Review, S. Gassert, June, p. 9
Express Newspaper, Exhibition Review, S. Falcon, Fall, p. 17
Flash Art, Exhibition Review, Summer, p. 82

Guardian, "A Sculptor Who Plays with Fire", I. McManus, May, p. 12
Kunstechos, "Kroller-Muller Beeldentuin", March/April, p. 11
La Suisse, "Alors, Oppenheim", March 27, p. 26
La Tribune de Genève, "La Sculpture d'Oppenheim n'ira pas a Parc Bertrand", March, p. 27
Life Magazine, "Sculpture with a Short Fuse", October, pp. 133-135
New Art Examiner, "The Mechanical Obsession", A.J. Metaphor, February, pp. 10-11
New York Magazine, "Apocalypse Now", K. Larson, June 14, pp. 50-54
Rampike, "Violence", K.E. Jirgens (Ed.), Vol. 2, No. 3, pp. 9-13
Time Out, "Mutants, Machines, Make-Believe", S. Kent, May 7, p. 16
Vanguard, Exhibition Review, D. Jowlett, December/January, p. 23

Livros e catálogos • *Books and catalogs*
American Artists Talk on Art: From 1940-1980, E.H. Johnson, Harper and Row, New York (New York), USA
A Concise History of World Sculpture, G. Bazin, Alpine Fine Arts Collection, Ltd., New York (New York), USA
Avanguardia/Transavanguardia, A.B. Oliva, Gruppo Editorale Electra, Milano, Italia
'60-'80: Attitudes/Concepts/Images, Stedelijk Museum, Amsterdam, Holland
Metaphor: New Projects by Contemporary Sculptors, Hirshorn Museum, Smithsonian Institution Press, Washington D.C., USA
Mile of Sculpture, Chicago Sculpture Society, Chicago (Illinois), USA
Louisiana: The Museum and the Buildings, Louisiana Museum of Modern Art, Humlebaek, Denmark
Illegal America, Exit Art Press, New York (New York), USA
Sichtbar Machen, Documenta Urbana, Kassel, Deutschland
Vergangenheit, Gegenwart, Zukunft, Wurttembergischer Kunstverein Stuttgart, Deutschland
112 Workshop/112 Greene Street, New York (New York), USA

1981

Exposições individuais • *One person exhibitions*
Sonnabend Gallery, New York (New York), USA
Graduate Center, The City University of New York, New York (New York), USA
The Contemporary Arts Center, Cincinnati (Ohio), USA
Galerie Marika Malacordia, Genève, Suisse
Françoise Lambert, Milano, Italia
Lowe Art Museum, Miami (Florida), USA
Richard Hines Gallery, Seattle (Washington), USA

Exposições colectivas • *Group exhibitions*
Institute of Contemporary Art, "Machineworks", University of Pennsylvania, Philadelphia (Pennsylvania), USA
Stadtisches Kunstmuseum Bonn, "Highlights", Bonn, Deutschland
Independent Curators Inc., "Mapped Arts: Charts, Routes, Regions", New York (New York), USA
Wurttembergischer Kunstverein Stuttgart, "Natur-Skulptur", Stuttgart, Deutschland
Kunsthaus Zurich, "Mythos and Ritual", Zurich, Schweiz
Elise Meyer Gallery, "Schemes", New York (New York), USA
Rosa Esman Gallery, "Architecture by Artists", New York (New York), USA
Whitney Museum of American Art, "Biennial '81", New York (New York), USA
The New Museum, "Alternatives in Retrospect", New York (New York), USA
Espace Lyonnais d'Art Contemporain, "Les Oeuvres Plastique des Artistes de la Performance", Lyon, France
Hirshhorn Museum and Sculpture Garden, "Metaphor", Washington D.C., USA
Pratt Graphics Center, "Artists and Printmaker: Printmaking as a Collaborative Process", New York (New York), USA
Jacksonville Art Museum, " Currents: A New Mannerism", Jacksonville (Florida), USA
Neuberger Museum, "Soundings", Purchase (New York), USA
Bronx Museum, "Video Classics", Bronx (New York), USA
Aldrich Museum of Contemporary Art, "New Dimensions in Drawing", Richfield (Connecticut), USA
Cranbrook Academy of Art, "Instructional Drawings", Bloomfield Hills (Michigan), USA

Publicações periódicas • *Periodicals*
Art Express, Exhibition Review, K.S. Friedman, May/June, p. 77
Art In America, "American Quartet", R. Morris, December, p. 63
Art News, "Artist's Go On Record", P. Frank, December, p. 80
Artforum, "Labyrinths: Tradition and Contemporary Works", H. Kern, May, pp. 60-68
Artforum, Exhibition Review, S. Morgan, Summer, pp. 97-98
Arts, Exhibition Review, B. Cavaliere, May, p. 33
Arts, "An Interview with Dennis Oppenheim", S. Wood, June, pp. 133-137
Arts, "The Factories", E. Braun, June, pp. 138-141
Arts, "Robert Smithson and Film: The Spiral Jetty Reconsidered", P. Childs, October, p. 56
Artweek, "Metaphors of Esoteric Procedures", R. Glowen, October, p. 3
Benzene, "Image Processing Factories", R. Becker, Summer, p. 20
Cincinnati Enquirer, "Oppenheim Created Thinking Machines", O. Findsen, March 19, p. K-771
Cincinnati Post, "Machine Sculptures Express Workings of the Artist's Mind", B.J. Friedman, March 26, p. 3-C
Dialogue, "Constructions II: Dennis Oppenheim", N. Felshin, March/April, pp. 19-21
Dialogue, Exhibition Review, J. Jordan, March/April, p. 8
La Vie Protestance, Exhibition Review, L. Favre, January 9, p. 14
Miami Herald, Exhibition Review, H.L. Kohen, September 6, p. 2L
Rampike, "Wood", Dennis Oppenheim, Spring, p. 8
Seattle Times, Exhibition Review, S. Kendall, October 3, p. B6
Tribune de Genève, "L'Aventure Dennis Oppenheim a Genève", H. Teicher, January 18, p. 21
Village Voice, Exhibition Review, K. Levin, February 18-24, p. 74

Livros e catálogos • *Books and catalogs*
New Dimensions in Drawing, Aldrich Museum of Contemporary Art, Ridgefield (Connecticut), USA
Instruction Drawings, Cranbrook Academy of Art, Bloomfield Hills (Michigan), USA
Mythos and Ritual, Kunthaus, Zurich, Schweiz
Natur-Skulptur, Wurttembergischer Kunstverein Stuttgart, Stuttgart, Deutschland
Machineworks, Institute of Contemporary Art, University of Pennsylvania, Philadelphia (Pennsylvania), USA
Biennial Exhibition, Whitney Museum of American Art, New York (New York), USA
Models and Drawings for Large Scale Sculpture, Richard Hines Gallery, Seattle (Washington), USA
Alternatives in Retrospect, New Museum, New York (New York), USA
The Shock of the New, R. Hughes, Knopf Publishers, New York (New York), USA
Art in Our Times, P. Sekz, Harry Abrams Publishers, New York (New York), USA
Schemes: A Decade of Installation Drawings, Elise

Meyer, Inc., New York (New York), USA
Varieties of Visual Experience, E. Feldman, Prentice-Hall, Inc., Englewood Cliffs, N.J. and Harry Abrams, New York (New York), USA

1980

Exposições individuais • *One person exhibitions*
Flow Ace Gallery, Venice (California), USA
Bruce Gallery, Edinboro State College, Edinboro (Pennsylvania), USA
Cranbrook Academy of Art, Bloomsfield Hills (Michigan), USA
Portland Center for the Visual Arts, Portland (Oregan), USA
Galerie Yvon Lambert, Paris, France
Pasquale Trisole, Napoli, Italia
Musée d'Art et d'Histoire, Genève, Suisse

Exposições colectivas • *Group exhibitions*
Institute for Art and Urban Resources, "Image and Object in Contemporary Sculpture", Long Island City (New York), USA
Museum of Modern Art, "Printed Art: A View of Two Decades", New York (New York), USA
Sonnabend Gallery, "Morris, Acconci, Oppenheim", New York (New York), USA
Internationale Skulpturen, Wenkenpark, Basel, Schweiz
ROSC International, Dublin, Ireland
Wave Hill, "Temporal Structures", Riverdale (New York), USA
Los Angeles Institute of Contemporary Art, "Architectural Sculpture", Los Angeles (California), USA
University of California at Irvine, "Architectural Sculpture", Irvine (California), USA
Center for Photography, "Reasoned Spaces", Tuscon (Arizona), USA
Biennale de Venezia, "The Pluralist Decade", Venezia, Italia
Musée d'Art Moderne de la Ville de Paris, "Ecouter par les Yeux", Paris, France
Marian Goodman Gallery, "Dennis Oppenheim and Les Levine", New York (New York), USA
John Michael Kohler Arts Center, "cARTography", Sheboyan (Wisconsin), USA
Institute of Contemporary Art, "The Pluralist Decade", Philadelphia (Pennsylvania), USA

Publicações periódicas • *Periodicals*
Art in America, "Cost-Effective Earth Art", B. Noah, January
Art News, Exhibition Review, M. Staniszewaski, September, pp. 248-249
Artes Visuales, Exhibition notice, C. Stellweg, May, p. 27
Artforum, Exhibition Review, I. Puliafite, February, p. 107
Artforum, Exhibition Review, S. Morgan, Summer, p. 83
Artforum, "A Chronology of Video Activity in the United States: 1965-1980", B. London and L. Zippay, September, pp. 42-45
Artistes, Exhibition Review, J. Poi, February/March, p. 40
Arts, Exhibition Review, V. Tatransky, May, pp. 33-34
Arts, Exhibition Review, J. Herman, June, p. 33
Arts, "The Space of the Self: Robert Morris' In the Realm of the Caraeral", S. Eisenman, September, pp. 104-109
Artspeak, "New Concepts in Environmental Sculpture", A. Zito, March 27, p. 6
Artweek, "Searching for Clues", B. Fahr, D. Hochofen, February, No.2, p. 85
Artweek, "Images as Information and Experience", M. Johnstone, May, pp. 11-12
Artworld, Exhibition Review, M. Meyer, March/April, p. 7
Domus, "Dennis Oppenheim", B. Marcelis, March, No.604, p. 56
Du, "In Jenen Ideen Geschiedet Werden", D. Hochofen, February, No.2, p. 85
Eccentric Birmingham-Bloomfield Edition, "Sculpture Destined to Make Art History", C. Abatt, April 17, B-1-C
Flash Art, Exhibition Review, V. Tatranslky, March, No. 96-97, p. 22
La Quinzaine Litteraire, "Les Factories de Dennis Oppenheim", G. Raillard, January 1, p. 19
La Tribune de Genève, "Les Exposition a Paris — Les Usines de Dennis Oppenheim, D. Cornu, January 8, p. 25
Landscape Architecture, "Earthworks Move Upstage", G. Clay, January, pp. 55-57
Le Figaro, "Liberte Frande", M. Nuridsany, January 4, p. 28
Le Figaro, "Les Grandes Energies de Dennis Oppenheim", January 11, p. 26
Le Matin, "Dennis Oppenheim a l'Arc", M. Bouisset, January 7, p. 4
Le Monde, "Dennis Oppenheim a l'Arc", January 3, p. 11
Le Nouvel-Observateur, "A l'Arc — Dennis Oppenheim", F. Auser, January 5, p. 6
Los Angeles Herald, "A Sculptor's Mystical Machine, " C. Synder, April 29
New York Post, "The Week in Review-Art", J. Tallmera, January 15, p. 14
New York Times, Exhibition Review, G. Glueck, January 11, C-17
New York Times, Exhibition Review, J. Russell, March 21, C-21
Opus International, "Petit Lexique en Forme de Puzzle", Spring, No. 76, p. 36
Paris-Hebde, Exhibition Review, D. Boone, January 9, p. 11
Soho Weekly News, "Keeping An Image", J. Perreault, January 3, p. 33
Southfield Eccentric, "Sizable Sculpture, Southfield Builder Aids Project", C. Abatt, April 17, p. 2
Village Voice, "Metaphysical Attraction", K. Larson, March 17, p. 79

Livros e catálogos • *Books and catalogs*
Drawings The Pluralist Decade, Institute of Contemporary Art, University of Pennsylvania, Philadelphia (Pennsylvania), USA
The Arts of Twentieth Century America, University Press of America, Lanham (Maryland), USA
Architectural Sculpture (2 Vols.), Los Angeles (California), USA
Printed Art: A View of Two Decades, Museum of Modern Art, New York (New York), USA
Reasoned Spaces, Center for Creative Photography, Tucson (Arizona), USA,
Skulptur in 20. Jahrhundert, Ausstellung in Wenkenpark, Basel, Schweiz
Leben mit Zeitgenossen, Emanual Hoffmann-Stiftung, Basel, Schweiz
Für Augen und Ohren, Rene Block, Akademie der Kunste, Berlin, Deutschland
Wave Hill 1980: Temporal Structures, Wave Hill, Bronx (New York), USA

1979

Exposições individuais • *One person exhibitions*
Kunsthalle Basel, Basel, Schweiz
University Gallery, New York (New York), USA
John Gibson Gallery, New York (New York), USA
The Kitchen Center, New York (New York), USA
The Israel Museum, Jerusalem, Israel
Herron Gallery, Herron School of Art, Indianapolis (Indiana), USA
Retrospective, Winnipeg Art Gallery, Winnipeg, Manoitoba, Canada
Eels Gallery, Kent State University, Kent (Ohio), USA
Musée d'Art Moderne de la Ville de Paris, Paris, France
Northern Illinois University, Dekalb (Illinois), USA
Françoise Lambert, Milano, Italia
Kunstverein Stuttgart, Stuttgart, Deutschland
Paul Roebeson Center, Rutgers University, Newark (New Jersey), USA

Exposiçoes colectivas • *Group exhibitions*
Hampshire College, "Images of Self", Amherst (Massachusetts), USA
King County Arts Commission, "Land Reclamation as Sculpture", Seattle (Washington), USA
Customs House, sponsored by Creative Time, "Custom and Culture", New York (New York), USA
Biennale, "Expansion", Wein, Österreich
Institute for Art and Urban Resources, "The Great Big Drawing Show", Long Island City (New York), USA
Institute for Art and Urban Resources, "Sound", Long Island City (New York), USA
Surrey Art Gallery, "Creative Flight", Surrey, British Columbia, Canada
Musée National d'Art Moderne, Centre Georges Pompidou, "Video Art Symposium", Paris, France
Detroit Institute of Arts, "Object and Image in Contemporary Sculpture", Detroit (Michigan), USA
Art Association of Newport, "Narrative Realism", Newport (Rhode Island), USA
Aspen Center of Contemporary Art, "Portraits/Self-Portraits", Aspen (Colorado), USA
Museum of Contemporary Art, "Concept, Narrative, Document", Chicago (Illinois), USA
American Foundation for the Arts, "Storytelling in Art", Miami (Florida), USA
Marian Goodman Gallery, "With a Smile", New York (New York), USA
Akron Art Center, "Dialogue", Akron (Ohio), USA
Philadelphia College of Art, "Afterimages/Projects of the 70's", Philadelphia (Pennsylvania), USA
Akademie der Kunste, "Fur Augen und Ohren", Berlin, Deutschland

Publicações periódicas • *Periodicals*
American Artist, "Artist in Residence: Dennis Oppenheim", R. Fitzgibbons, January, pp. 60-63;93-95
Artforum, Exhibition review, H. Foster, May, p. 64
Artforum, "Monument-Sculpture-Earthwork", N. Foote, October, p. 32
Artforum, "Nothing/ Not Nothing/ Something", J. Masheck, November, pp. 42-49
Artscribe, "Gut Reaction", S. Morgan, Spring, p. 34
Arts Exchange, "Interview with Dennis Oppenheim", M. Bopp, January/February, p. 13
Arts, Exhibition review, V. Tatransky, May, pp. 36
Atlanta Art Papers, "Interview with Dennis Oppenheim", D. Talley, September/October, pp. 1-4
Basler Zeitung, "Dennis Oppenheim Inder Basler Kunsthalle", B. Cuiger, June 2
Connaissance des Arts, "Ex-centrivites", December, No. 334, p. 55
Das Kunstwerk, Exhibition review, J. Halder, October, pp. 81-82
Der Spiegel, "Wuste in Lieb", June 11, p. 183
Du, Exhibition review, June, No. 6, p. 27
Flash Art, "Dennis Oppenheim", P. Fend, January/February, p. 42
Flash Art, "Die Tottenstadt Eine Architektur Nach Dennis Oppenheim", P. Fend, June/July, p. 10
Flash Art, Exhibition review, October/November, p. 52
Feilleton, "Psycho-Installationen a la Duchamp and Hitchcock", H. Reuther, September, p. 10
Impulse, "I Shot the Sheriff", Dennis Oppenheim, Spring, p. 12
Journal de Genève, "Exposition a Bale", P. Mathonnet, June, p. 15
Kunsat Magazin, "Neue Installationen 1978-1979", J.C. Ammann, June, pp. 24-33
Kunstforum International, Exhibition review, A. Pohlen, No. 4, p. 240
L'Agina, "A New Aesthetic", B. Oldenburg, March 1, p. 17
Landscape Architecture, "Earthworks in Seattle: Reclamation as a Fine Art", G. Clay, May, p. 291
New Jersey Architecture, "Interview", D. Wall, July/August/September, p.1
New York Times, Exhibition review, G. Glueck, March 16, p. C-24
New York Times, "Custom-Made", J. Perreault, May 4, p. 46
New York Times, "Artists of the Customs House", G. Glueck, May, p. C-21
New York Times, "Triple-Header in Newark", V. Raynor, October 14, p. B-20
Paletten, 'Kontens Satellitresa och de Intuitiva Strategierna: Ett Samtal med Dennis Oppenheim", O. Hjourt, Vol. 4, pp. 32-38
The Arts, "King County's Earthworks Symposium Breaking New Ground With Land Reclamation as Sculpture", G. Clay, July, pp. 1-2
The Winnipeg Art Gallery Report, "Dennis Oppenheim: Works 1967-1977", July, p. 2
Vanguard, "Conjectural Imaging", W. Klepac, October, p. 12
Village Voice, "The Thought That Counts,: P. Frank, March 13, p. 61

Livros e catálogos • *Books and catalogs*
American Art, Sam Hunter, Prentice-Hall, Englewood Cliffs, New Jersey and Harry N. Abrams Publishers, New York (New York), USA
Dennis Oppenheim, Kunsthalle Basel, Basel, Schweiz
Dennis Oppenheim, Musée d'Art Moderne de la Ville de Paris, Paris, France
The Writings of Robert Smithson, N. Holt, New York University Press, New York (New York), USA
Earthworks: Land Reclamation as Sculpture, R. G. Hess, Seattle (Washington), USA
Image and Object in Contemporary Sculpture, Detroit Institute of Arts, Detroit (Michigan), USA
Kollektie de Groot, Groninger Museum, Groningen, Holland
Dennis Oppenhiem Israel Projects, Dr. Mrtin Weyl, The Israel Jerusalem, Israel
Dennis Oppenheim Power Passage (for Indianapolis), Herron Gallery, University-Purdue University at Indianapolis (Indiana), USA

1978
Exposições individuais • *One person exhibitions*
Retrospective, Musée d'Art Contemporain, Montreal, Canada
Retrospective, Art Gallery of Ontario, Toronto, Canada
Museum of Art, University of Iowa, Iowa City (Iowa), USA
Marian Goodman Gallery, New York (New York), USA
Visual Arts Museum, School of Visual Arts, New York (New York), USA
University Gallery, College at Plattsburg, Plattsburg (New York), USA
Marianne Deson Gallery, Chicago (Illinois), USA

Exposições colectivas • *Group exhibitions*
Centre d'Arts Plastiques, "Sculpture/Nature", Bordeaux, France
Contemporary Arts Museum, "Narrative Art", Houston (Texas), USA
Independent Curator's Incorporated, "The Sense of the Self", Washington, D.C., USA

Publicações periódicas • *Periodicals*
Artforum, "Bodyworks and Porpoises", N. Calas, January, p. 33
Artforum, Exhibition review, Edit de Ak, Summer, p. 76
Artforum, "Dennis Oppenheim's Delirios Operations", J. Crary, November, pp. 36-40
Art International, "Teheran, The New Museum", E.H. Johnson, April/May, pp. 11-17
Art News, Exhibition review, K. Larson, December, p. 144
Arts, "Dennis Oppenheim: Post-Performance Works", K. Levin, September, pp. 122-125
Boston Phoenix, "Making Light of Heavy Art", K. Baker, January 16, p. 11
Domus, Exhibition review, March, No. 580, p. 48
Domus, Exhibition review, October, No. 587, pp. 45-46
Globe and Mail, "Art of Enquiry", P. White, September 16, p. 33

Macleans, "Modern Mystic, Witty Prophat", M. Weiler, October 23, p. 50
New York Arts Journal, "Dennis Oppenheim: An Interview", S. Morgan, November/December, p. 29-30
The Review, "Returning Relevance", R. Rhodes, September 21, p. 6
Toronto Star, "Concrete Poet of the Contemporary World", G.M. Dault, September 21, p. 4
Vie des Arts, Exhibition review, Summer, p. 6
Village Voice, "Dennis Oppenheim's Dilemma", R. Goldstein, January, p. 16

Livros e catálogos • *Books and catalogs*
Die Collectie Moderne Kunst van Museum Boymans-van-Beuningen, Museum Boymans-van-Beuningen, Rotterdam, Holland
Dennis Oppenheim: Retrospective Works 1967-1977, Musée d'Art Contemporain, Montreal, Canada
New Artists Video, G. Battcock (Ed.), E.P. Dutton, New York (New York), USA
Artitudes, F. Pluchart, Galerie de la Marine, Nice, France
Artforms, D. Preble, Canfield Press, San Francisco (California), USA
Sculptur/Nature, Centre d'Arts Plastique Contemporains de Bordeaux, Bordeaux, France
The Sense of Self, Independent Curators Incorporated, Washington, D.C., USA
16 Projects/4 Artists, Wright State University, Dayton (Ohio), USA
Esthetics Contemporary, R. Kostelanetz (Ed.), Promatheus, Buffalo (New York), USA
Topics in American Art Since 1945, L. Alloway (Ed.), Norton Publishers, New York (New York), USA

1977

Exposições individuais • *One person exhibitions*
M.L. d'Arc Gallery, New York (New York), USA
CARP, Los Angeles (California), USA
H/M Gallery, Bruxelles, Belgique
Galerie Hans Mayer, Düsseldorf, Deutschland
John Gibson Gallery, New York (New York), USA
Multiples, Inc., New York (New York), USA
University of Rhode Island Gallery, Kingston (Rhode Island), USA
Gallery of Visual Art, University of Montana, Missoula (Montana), USA
Fine Arts Gallery, Wright State University, Dayton (Ohio), USA
Galerie Yvon Lambert, Paris, France

Exposições colectivas • *Group exhibitions*
Brown University/Rhode Island School of Design, "Space Window", Providence (Rhode Island), USA
Sterling and Francine Clark Institute, "The Dada and Surrealist Heritage", Williamstown(Massachusetts), USA
Eugenia Cucalon Gallery, New York (New York), USA
Institute of Contemporary Art, "Wit and Wisdom", Boston (Massachusetts), USA
Eugenia Cuclon Gallery, New York (New York), USA
Galerie Magers Bonn, "Kunst und Architektur", Bonn, Deutschland
Documenta 6, Kassel, Deutschland
Palais des Beaux-Arts, "American Works from Belgium Collectors", Bruxelles, Belgique
Philadelphia College of Art, "Time", Philadelphia (Pennsylvania), USA
The New Museum, "Early Works by Five Contemporary Artists", New York (New York), USA
Teheran Museum of Contemporary Art, Teheran, Iran
Whitney Museum of American Art, "Biennial '77", New York (New York), USA
Whitney Museum of American Art, "Words", New York (New York), USA
Contemporary Arts Museum, "A View of a Decade", Chicago (Illinois), USA

Publicações periódicas • *Periodicals*
Artforum, "Madness in the Arena", N. Calas, September, pp. 51-53
Artforum, "I Shot the Sheriff", R.J. Onorato, November, pp. 71-72
Art in America, "The American Artist from Loner to Lobbyist", C. Ratcliff, March-April, pp. 10-12
Arts, Exhibition review, B. Cavaliere, May, p. 24
Arts, Exhibition review, A. Ellenzweig, June, p. 33
Arts, Exhibition review, V. Tatransky, September, p. 21
Art News, Exhibition review, E. Schwartz, September, p. 99
Atlanta Journal, "Artists Saluting Carter to Discuss Work", W. Burnett, January, p. 2
Craft Horizons, Exhibition review, August, p. 65
Cue, Exhibition review, L. Harnett, November 25, p. 40
Domus, Exhibition review, August, No. 573, p. 54
New York Magazine, "Ceremonies of Measurement", T.B. Hess, March 21, p. 60
New York Times, "The New Museum Where Small is Beautiful", J. Russell, November 11, p. C-17
New York Times, "Far Out Art to Honor Jimmy Carter", G. Glueck, December 16
Parachute, "It Ain't What You Make, It's What Makes You Do It", Winter, pp. 10-12
Studio International, "Art Outdoors-In and Out of the Public Domain", L. Lippard, pp. 83-90

Livros e catálogos • *Books and catalogs*
American Art in Belgium, Palais des Beaux Arts, Bruxelles, Belgique
History of Modern Art, Harry Abrams, New York (New York), USA
Why Art, G. Battcock (Ed.), E.P. Dutton Publishers, New York (New York), USA
The Dada and Surrealist Heritage, Sterling and Francine Clark Art Institute, Williamstown (Massachusetts), USA
Documenta 6, (Vol. 3), Paul Dierichs KG and Company, Deutschland
Early Work by Five Contemporary Artists, The New Museum, New York (New York), USA
Kunst und Architektur, Galerie Magers, Bonn, Deutschland
Art Now, Edward Lucie Smith, William Morrow and Company, Inc., New York (New York), USA
Biennial Exhibition, Whitney Museum of American Art, New York (New York), USA
Individuals, A. Sondheim (Ed.), E.P. Dutton Publishers, New York (New York), USA
Video Visions, J. Price, Plume Publishers, New York (New York), USA
Rooms P.S. 1, Institute for Art and Urban Resources, New York (New York), USA
Space Window, Brown University, Providence (Rhode Island), USA
Art America, M. Tighe and E. Lang, McGraw-Hill, New York (New York), USA
Time, Philadelphia College of Art, Philadelphia (Pennsylvania), USA
A View of a Decade, Museum of Contemporary Art, Chicago (Illinois), USA
Skira Annuel, Editions Skira, S.A., Genève, Suisse
American Narrative/Story Art, Contemporary Arts Museum, Houston (Texas), USA

1976

Exposições individuais • *One person exhibitions*
M.L.D.'Arc Gallery, New York (New York), USA
Framartstudio, Napoli, Italia
Retrospective, Museum of Boymans-van-Beuningen, Rotterdam, Holland
Bo Alveryd Gallery, Kavlinge, Sweden

Exposições colectivas • *Group exhibitions*
Biennale de Venezia, Venezia, Italia
John Gibson Gallery, New York (New York), USA
Athens Museum, "New Art for Jimmy Carter", Athens (Georgia), USA
Institute for Art and Urban Resources, P.S.1, "Rooms", Long Island City (New York), USA
Institute of Contemporary Art, "Vogel Collection",

Philadelphia (Pennsylvania), USA
Galerie Isy Brachot, "Body Art", Bruxelles, Belgique
Louisiana Museum of Modern Art, Humlebaek, Denmark

Publicações periódicas • *Periodicals*
Artforum, Exhibition review, A. Kingsley, February, pp. 72-73
Artforum, Exhibition review, N. Foote, April, pp. 54-57
Artforum, "Drawing the Line", N. Foote, May, pp. 54-57
Artforum, "The Anti-Photographers", N. Foote, September, pp. 46-54
Artforum, "The Size of Non-Size", D. Davis, December, pp. 46-51
Art in America, Exhibition review, P. Derfner, May-June, pp. 105-106
Arts, Exhibition review, L. Lorber, April, p. 19
Art International, "Modern Maze Makers", J. Kardon, April, p. 66
Art International, "The Modern Maze", D. Onorato, April-May, pp. 21-25
Art International, "The 37th Venice Biennale", H. Martin, September-October, pp. 14-24, 59
Art News, Exhibition review, E. Perlmutter, April, p. 67
Domus, "I Topi di Oppenheim", March, No. 556, p. 53
Domus, Exhibition review, July, No. 560, p. 53
Domus, "La Biennale di Venezia", R. Barilli and G. Battcock, November, No. 564, pp. 1-20
Du, "Sport in der Zeitgenossischen Kunst", B. Braathen, pp. 62-63
Flash Art, May-June, No. 64-65, pp. 3, 21-28, 42-46
Museum Journal, "Kunstkritiek en de Veelzijde lijfelijkheid van Body Art", T. Zandee, February, pp. 97-106
New York Times, Exhibition review, J. Russell, February 15, p. B-35
New York Times, Exhibition review, J. Russell, October 1
New York Times, "Far-our Art to Honor Carter Donated to a Museum", G. Glueck, December 6, p.66
Studio International, "Annihilating Reality", G.P. Orridge and P. Christopherson, July-August, pp. 44-48
Studio International, "Music of Signs in Space", November-December, pp. 284-285
Soho Weekly News, Exhibition review, M. da Vinci, January, p.29

Livros e catálogos • *Books and catalogs*
Artpark: The Program in the Visual Arts, Lewiston (New York), USA
La Biennale di Venezia, (Vol. 2), Alfieri Edizioni d'Arte, Venezia, Italia
Precronistoria 1966-1969, G. Celant, Firenze, Italia
Amerikanische Kunst von 1945 bis Heute, D. Honisch and J. Jensen, Dumont Buchverlag, Köln, Deutschland
Modern Art and the Object, E. Johnson, Harper Row Publishers, Inc., New York (New York), USA
Open to New Ideas, Georgia Museum of Art Bulletin, Vol. 2, No. 3, Vol. 3, No. 1-3, University of Georgia, Athens (Georgia), USA
Video Art: An Anthology, J. Schedier and B. Korot, Harcourt, Brace and Jovanich, New York (New York), USA
Soho: Downtown Manhattan, Berliner Restwochen, Berlin, Deutschland
Europe/America: The Different Avant-Gardes, A.B. Oliva, Deco Press, New York (New York), USA
The Kitchen: Center for Video and Music 75-76, Haleakala Press, New York (New York), USA

1975
Exposições individuais • *One person exhibitions*
Gallery Schema, Firenze, Italia
Gallery Vega, Liege, Belgique
P.J.M. Self Gallery, London, England
Françoise Lambert, Milano, Italia
Oppenheim Studio, Köln, Deutschland
John Gibson Gallery, New York (New York), USA
Kitchen Center, New York (New York), USA
Anthology File Archives, New York (New York), USA
Galerie Yvon Lambert, Paris, France
Gallery Castelli, Milano, Italia
Palais des Beaux-Arts, Bruxelles, Belgique

Exposições colectivas • *Group exhibitions*
Museum of Contemporary Art, "Body Art", Chicago (Illinois), USA
Lunds Konsthall, "Camera Art", Lund, Sweden
Passaic County Community College, "Camera Art", Paterson (New Jersey), USA
Gallery Stadler, "Body Art", Paris, France
New York Cultural Center, "Nude in American Art", New York (New York), USA
Museum of Contemporary Art, "Menace", Chicago (Illinois), USA
Fine Arts Building, "Self-Portraits", New York (New York), USA
Philadelphia College of Art, "Labyrinth",Philadelphia (Pennsylvania), USA
Artpark, Lewiston (New York), USA
XIII Bienal de São Paulo, "Video Art", São Paulo, Brasil
Institute for Art and Urban Resources, The Clocktower, "Selections from Vogel Collection", New York (New York), USA
Institute of Contemporary Art, "Video Art", Philadelphia (Pennsylvania), USA
Kunsthale Leben, "Art as Living Ritual", Wein, Österreich
Whitney Museum of American Art, Resource Center, "Art in Landscape", New York (New York), USA

Publicações periódicas • *Periodicals*
Art and Artists, Exhibition review, G. Battock, June, p. 22
Art and Cinema, Exhibition review, Vol. 2, No.1, p. 2
Artforum, "Pygmalion Reversed", M. Kosloff, November, p. 30
Artforum, Exhibition review, M. Kosloff, November, p. 30
Art en Garde, June, pp. 15-16
Arts in Society, "De-Architectuization", J. Wines, Fall/Winter, pp. 351-363
Arts International, Exhibition review, September, p. 58
Arts in Ireland, "Dennis Oppenheim", June, pp. 46-48
Artitudes International, "L'Art Corporal", F. Pluchart, January-March, No. 18-20
Arts, Exhibition review, March, 19-20
Arts, "Dennis Oppenheim: An Art with Nothing to Lose", K. Baker, April, pp. 72-74
Domus, "Art in America", G. Battcock, May, p. 534
Goya, Exhibition review, November, No. 129, pp. 178-179
Skanska Dagbladet, Exhibition review, January, p.24
Skira Annuel, "Dans le Courant de l'Art Conceptual", pp. 38-39
Soho Weekly News, Exhibition review, M. da Vinci, January 9
Soho Weekly News, "Soul Food for Thought at the Kitchen Table", M. da Vinci, October 2
Studio International, "Space as Praxis", R. Goldberg, September, p. 132
Studio International, Exhibition review, B. Baker, September, p. 164
Village Voice, "Far Out and Far In, Uptown and Down", D. Bourdon, January 20, p. 94

Livros e catálogos • *Books and catalogs*
Dennis Oppenheim, Palais des Beaux-Arts, Bruxelles, Belgique
Topics in American Arts Since 1945, L. Alloway (Ed.), Norton Publishers, New York (New York), USA
American Sculpture in Progress, W. Anderson, New York Graphic Society, New York (New York), USA
Art in Landscape, Independent Curators Incorporated, Washington, D.C., USA

Camera Art, Lunds Konsthall, Lund, Sweden
On ne Regards pas La Lune, Mais le Doigt qui Montre la Lune, W. de la Vaissiere, Les Ateliers de *Realisations Graphiques*, Paris, France
American Art of the 20th Century, Sam Hunter, Harry N. Abrams Publishers, New York (New York), USA
Proposals 1967-1974, Dennis Oppenheim, Lebeer-Hossman, Bruxelles, Belgique
The Tate Gallery, Tate Gallery Publications, Millbank, England
Video Art, Institute of Contemporary Art, Philadelphia (Pennsylvania), USA
Video Art U.S.A., XIII Bienal de São Paulo, São Paulo, Brasil
Skira Annuel, Editions Skira S.A., Genève, Suisse
The Roots and Routes of Art in the 20th Century, M. Cone, Horizon Press, New York (New York), USA
Vito Acconci, M. Diacone , Out of London Press, New York (New York), USA
Art in the World, S. Russell, Corte Madera, Holt, Rinehart, Winston, New York (New York), USA

1974

Exposições individuais • *One person exhibitions*
Stedelijk Museum, Amsterdam, Holland
John Gibson Gallery, New York (New York), USA
Oppenheim Studio, Köln, Deutschland
Gallery D., Bruxelles, Belgique
Paolo Barrozzi, Milano, Italia
Gallery Forma, Genova, Italia

Exposições colectivas • *Group exhibitions*
112 Greene Street, New York (New York), USA
Massachusetts Institute of Technology, "Interventions in Landscape", Boston (Massachusetts), USA
Bruce Gallery, "Instructions", Edinboro State University, Edinboro (Pennsylvania), USA
Kunsthalle Köln, "Project '74", Köln, Deutschland
Institute for Art and Urban Resources, The Clocktower, "Words and Works", New York (New York), USA
Stefanotty Gallery, "Live!", New York (New York), USA
Artist's Space, "Video Tapes", New York (New York), USA
Kennedy Center for the Performing Arts, "Art Now", Washington, D.C., USA

Publicações periódicas • *Periodicals*
Art and Artists, Exhibition review, January, p. 42
Artforum, Exhibition review, R. Smith, May, p.71
Artforum, Exhibition review, S. Heinemann, September, p. 85
Artitudes, "Notes Sur l'Art Corporal", F. Pluchart, No. 12/14, p. 65
Art News, "Back to Nature", E. Driscoll, Jr., September, pp. 80-81
Art-Rite, "Rehersal for Five Hour Slump", Dennis Oppenheim, Fall, No. 7, p. 20
ArtsCanada, "Borderlines in Art and Experience", J. Bodolai, Spring, pp. 65-81
Avalanche, "Performance", May-June
Cles Pour les Arts, "Bruxelles: Happening, Dennis Oppenheim", J.P. Tigem, October, p. 10
Chroniques de l'Art Vivant, "Projekt", I. Lebeer, July-September,
Dance, "The Arts in Fusion", P. Frank, April, pp. 56-57
Data, "Dennis Oppenheim", L. Venturi, Fall, No. 13, pp. 77-79
Feuilleton, "Die Unsichtuaren Tiefenschicheen der Energie", G. Jappe, April, p.5
Magazin Kunst, "Documentation #19", G. Schwarzbauer, January, p. 64
Magazin Kunst, "Interview with Dennis Oppenheim", W. Sharp, January, p. 114
Print Collector's Newsletter, "Words in Print", P. Larson, July-August, pp. 53-56
Studio International, E. Cameron, December, pp. 245-248
Studio International, Exhibition review, R. Kenedy, December, p. 252

Livros e catálogos • *Books and catalogs*
Art Now, Artrend Foundation, Washington, D.C., USA
Great Western Salt Works, J. Burnham (Ed.), George Braziller Publishers, New York (New York), USA
Images and Icons of the Sixties, N. Calas and E. Calas, E.P. Dutton, Inc., New York (New York), USA
Senza Titolo, Germano Celant, Bulzoni Editore, Roma, Italia
Dennis Oppenheim, Stedelijk Museum, Amsterdam, Holland
Art as a Living Ritual, Pool der Poolerie, Deutschland
Kunst Bleibt Kunst, Kunsthalle Köln, Köln, Deutschland
Indentations, Dennis Oppenheim, Gallerie Yaki Kornblit, Amsterdam, Holland
Schema Informazione 2, Gallerie Schema, Firenze, Italia
Il Corno Come Linguaggio, L. Vergine, Giampaolo Prearo Editore, Roma, Italia

1973

Exposições individuais • *One person exhibitions*
Sonnabend Gallery, Paris, France
Sonnabend Gallery, New York (New York), USA
Gallery Forma, Genova, Italia
Gallery D., Bruxelles, Belgique
Gallery Mayor, London, England
Museum of Contemporary Art, San Francisco (California), USA
Rivkin Gallery, Washington, D.C., USA

Exposições colectivas • *Group exhibitions*
Whitney Museum of American Art, "American Drawings", New York (New York), USA
Sonnabend Gallery, "Drawings", New York (New York), USA
Galerie Yvon Lambert, "Actualité d'Un Bilan", Paris, France

Publicações periódicas • *Periodicals*
Art and Artists, "Dennis Oppenheim: Myth and Ritual", Lenore Goldberg, August, pp. 22-27
Art in America, Exhibition review, K. Baker, May, p. 103
Artforum, Exhibition review, R. Smith, April, pp. 85-86
Art News, Exhibition review, February, pp. 72, 81
Arts Review, Exhibition review, October, pp. 20-21
Arts, "Renewal of Possibilities", L. Goldberg, November, pp. 42-43
Arts, "Open to Re-definition", J. Loring, November, pp. 42-43
Chroniques de l'Art Vivant, "Dennis Oppenheim", I. Lebeer, June, pp. 13-15
Flash Art, Exhibition review, February, pp. 20-21
Fuoricampo, "Passaggio Ambiete e Gesto Nella Land Art", L. Vergine, July/August, pp. 20-22
El Nacional Caracas, "Dennis Oppenheim: Arte Impossibile", July, p. 8
Evening Standard, R. Cork, September, p. 20
L'Art Vivant, "Le Corps de l'Oeuvre du Corps", I. Lebeer, June
Magazin Kunst, "Documentation #15", M. Jochimse, January, p. 60
Studio International, "Interview with Dennis Oppenheim", Hershman, November, pp. 196-197
Studio International, Exhibition review, S. Kent, November, pp. 197-198
XXe Siècle, "Cinema et Video", B. Borgeaud, December, No. 4, p. 154

Livros e catálogos • *Books and catalogs*
Actualité d'un Bilan, Galerie Yvon Lambert, Paris, France
Aspects de l'Art Actuel, Centro di Firenze, Firenze, Italia
Six Years: The Dematerialization of the Art Object, Lucy Lippard, Praeger Publishers, New York (New York), USA

Man Creates Art Creates Man, Duane Preble, Canfield Press, San Francisco (California), USA

1972

Exposições individuais • *One person exhibitions*

Sonnabend Gallery, New York (New York), USA
Nova Scotia College of Art and Design, Halifax, Nova Scotia, Canada
Mathais Felds, Paris, France
Tate Gallery, London, England
L'Attico, Roma, Italia
Gallery D., Bruxelles, Belgique

Exposições colectivas • *Group exhibitions*

School of Visual Arts, "Performance Spaces", New York (New York), USA
Memorial Art Gallery, "Art Without Limits", Rochester (New York), USA
New York Cultural Center, "Making Megalopies Matter", New York (New York), USA
New York Cultural Center, "American Prints", New York (New York), USA
Sonnabend Gallery, "Thirteen Artists Chosen for Documents", New York (New York), USA
Incontri International d'Arte, "Persona 2", Roma, Italia
Spoleto Festival, "420 West Broadway", Spoleto, Italia
"Encuentros en Pamplona", Pamplona, España

Publicações periódicas • *Periodicals*

Architettura, September, p. 18
Artforum, "Talking to Pomona", D. Antin, September, pp. 36-47
Art News, "Education of the Un-Artist", A. Kaprow, May, pp. 34-39
Arts, "Interactions: Form-Energy-Subject", Dennis Oppenheim, pp. 36-39
Arts, Exhibition review, R. Matthias, Summer, p. 58
Arts, Exhibition review, R. Mattias, November, p. 68
Art International, Exhibition review, E. Schwartz, Summer, p. 128
Craft Horizons, Exhibition review, December, p. 61
Der Spiegel, "Nach Pop Ein Babylon der Kunst", März
Interfunktional, Exhibition review, June, p. 63
New York Times, "Sculptuama", G. Glueck, June 11, p. B-23
On Site, "Non-focality", A. Sky
Opus International, Exhibition review, June, p. 63
San Francisco Chronicle, "187 Hot Hub-Thievery for Art's Sake", January, p. 17
Times Union, "Art Without Limit", L. Hansen, April 7, p. 1

Livros e catálogos • *Books and catalogs*

Museums in Crisis, B. O'Doherty, George Braziller, New York (New York), USA
Il Territorio Magico, A.B. Bonito, Centro Di Firenze, Italia
Documenta 5, Paul Dierichs KG & Co., Deutschland
Varieties of Visual Experience, E. Feldman, Prentice-Hall, Inc., Englewood Cliffs,New Jersey and Harry Abrams, Publishers, New York (New York), USA
Kunst van de 20e eeuw, Museum Boymans-Van Beuningen, Rotterdam, Holland
Mathias Felds Exposition, Galerie Mathias Felds, Paris, France
Conceptual Art, Ursula Meyer, E.P. Dutton, Publishers, New York (New York), USA
Pop Art & Cie, F. Pluchart, Editions Martin-Malburet, Paris, France

1971

Exposições individuais • *One person exhibitions*

Galerie Yvon Lambert, Paris, France
Françoise Lambert, Milano, Italia
Harcus Krakow Gallery, Boston (Masschusetts), USA
Gallery 20, Amsterdam, Holland

Exposições colectivas • *Group exhibitions*

Boston Museum of Fine Arts, "Elements", Boston (Masschusetts), USA
Reese Palley, "Environmental Surfaces", New York (New York), USA
Françoise Lambert, Group Exhibiton, Milano, Italia
Museum of Modern Art, "Pier 18", New York (New York), USA
Rijkmuseum Kroller-Muller, "Films/Sonsbeek", Otterlo, Holland
Kunsthalle Düsseldorf, "Projection '71", Düsseldorf, Deutschland
Biennale, Paris, France
Center for Art/Communication, "Art Systems", Buenos Aires, Argentina
98 Greene Street, "Film, Video, Performance", New York (New York), USA
Art Museum, "Kith and Kin", University of Kentucky, Lexington (Kentucky), USA
Finch College, "Artist/Video/Performance", New York (New York), USA
Whitney Museum of American Art, "Sculpture Annual", New York (New York), USA
Stedelijk Museum, "Beyond Law and Order", Amsterdam, Holland
John Gibson Gallery, "Body", New York (New York), USA

Publicações periódicas • *Periodicals*

Art International, Exhibition review, E. Schwartz, December 20, p. 80
Artforum, Exhibition review, K. Stiles, January, p. 84
Artforum, Exhibition review, J. Tarshis, February, p. 85
Art in America, "Epilogue: The Dead Letter Office", H. Kenner, July/August, pp. 104-111
Art in America, "Earthworks and Oz", D. Hickey, September, pp. 40-9
Artitudes International, "Le Corps, Materiel d'Art", October, p. 1
Art News, "The Education of the Un-Artist", A. Kaprow, February, pp. 28-31; 66-68
Art News, "It Reaches a Desert in Which Nothing Can Be Perceived but Feeling", D. Antin, March, pp. 38-41; 66-71
Arts, Exhibition review, L. Venturi, March, p. 48
Arts, "Subject-Object: Body Art", C. Nemser, September, pp. 38-42
Art, "Media/Art/Media", D. Davis, September, pp. 43-45
Avalanche, "A Discussion with Terry Fox, Vito Acconci and Dennis Oppenheim", W. Sharp, Winter #2, pp. 18-19
Christian Science Monitor, "And in Boston, a Child, a Parrot and Dog Join In", K. Baker, April 3, p. 4
De Groene, "Oppenheim in Galerie 20", C. Blok, November 6, p. 12
Flash Art, "Dennis Oppenheim", May, p. 12
Foto Visions, "Art Systems", August, p. 70
Haags Post, "Dennis Oppenheim Maakt Met Zijn Duim Een Hedere Piece", B. Van Garrel, October, p.91
L'Huomoe l'Arte, "No.7", Milano, Italia
Nuovo Indirizzo, "Dennis Oppenheim", p. 12
NRC, "Kunst meat Het Eigen Lichaam Als Material", Handelsblad
Opus International, "Land Art", B. Parent, March, No. 23, pp. 10-27; 65-71
Rolling Stone, "Art Conceptual, Media, Processed and Forced on a Bun-No Relish", T. Albright, June 24, pp. 40-41
San Francisco Chronicle, "Black Rock, Beams and Bones", A. Frankenstein, February 7
San Francisco Art Chronicle, "The Urban Design Plan for San Francisco, A. Frankenstein, June 27
Siete Dias, "Nadie Entiende me Obra Ni Yo Tampoco", V. Rabin, October, pp. 50-51
Studio International, "Interview with Dennis Oppenheim", W. Sharp, November, pp. 183-193
Village Voice, "Protection", October 21, p. 35
Woensdag, "Dennis Oppenheim: Houdt van Directe Emoties", L. Van Duinhoven, November 3

Livros e catálogos • *Books and catalogs*

Dennis Oppenheim, Jorge Glusberg, Centro de Arte y Communicacion, Buenos Aires, Argentina

The Structure of Art, J. Burnham, George Braziller, New York (New York), USA
Earth, Air, Fire, Water, Boston Museum of Fine Arts, Boston (Massachusetts), USA
Concept Art, K. Honnef, Phaidon Publishers, New York (New York), USA
Art and Life, U. Kultermann, Praeger Publishers, New York (New York), USA
Lithographs, Nova Scotia College of Art and Design, Halifax, Nova Scotia, Canada
Multiples: The First Decade, Philadelphia Museum of Art, Philadelphia (Pennsylvania), USA
New Multiple Art, Art Council of Great Britain, London, England
Prospect '71: Projection, Art Press Verlag, Düsseldorf, Deutschland
Situation Concepts, Galerie im Taxi Palais, Innsbruck, Österreich
Sonsbeek '71, Sonsbeek Foundation, Arnheim, Holland

1970

Exposições individuais • *One person exhibitions*
Reese Palley, San Francisco (California), USA
John Gibson Gallery, New York (New York), USA
Pennsylvania Art Museum, Erie (Pennsylvania), USA
Lea Ruma, Napoli, Italia
Crossman Gallery, Wisconsin State University, Whitewater (Wisconsin), USA

Exposições colectivas • *Group exhibitions*
Chicago Art Institute, "Fims-Wasash Transit", Chicago (Illinois), USA
Institute of Contemporary Art, "Against Order", Philadelphia (Pennsylvania), USA
Videogal Schum, "Identifications", Düsseldorf, Deutschland
Japan Art Society, "International Exhibition", Tokyo, Japan
Multiples, "Artists and Photographs", New York (New York), USA
Museum of Contemporary Art, "Evidence on the Flight of Six Fugitives", Chicago (Illinois), USA
Museum of Modern Art, "Information", New York (New York), USA
Museum of Modern Art, "Recorded Activities", New York (New York), USA
Museum of Contemporary Art, "Body", San Francisco (California), USA
New York Cultural Center, "Concept Art/Aspects", New York (New York), USA
School of Visual Arts, "Films by Dennis Oppenheim", New York (New York), USA
Parrish Museum, "Land Projects by Six Artists", South Hampton (New York), USA
Taxis Palais Gallery, "Situation/Concepts", Innsbruck, Österreich
Musée d'Art Moderne, "Arte Povera, Concept Art, Land Art", Torino, Italia
Arts Council of Great Britain, "New Multiple Art", London, England
Whitney Museum of American Art, "Sculpture Annual", New York (New York), USA
Galerie Yvon Lambert, "American Drawings", Paris, France

Publicações periódicas • *Periodicals*
Art and Artists, November, p. 60
Art in America, "The Iceman Cometh-Symptoms of the 70's", J. Jacobs, January/February, pp. 62-67
Art in America, "Something for Every Appetite", G. Glueck, March/April, pp. 142-152
Art News, Exhibition review, Summer, p. 66
Art News, "Lead Kindly Blight", D. Antin, November, pp. 87-90
ArtsCanada, "Dennis Oppenheim: Catalyst 1967-1970", J. Burnham, August, pp. 42-49
ArtsCanada, "World Game: The Artist as Ecologist", G. Youngblood, August, pp. 42-49
Arts, "Documentizing", N. Calas, May, pp. 30-32
Artweek, "Dennis Oppenheim: Conceptualist", C. McCann, November 21
Aspen, "Art/Information/Science", No. 8, Fall
Aspen, D. Graham (Ed.), December/January
Avalanche, "Discussions with Oppenheim, Heizer, Smithson", W. Sharp, No. 1, Fall
Casabella, "Archives: Dennis Oppenheim", G. Celant, No. 346, March, pp. 42-44
Corrierre Della Sera, "Land Art and Company", February 8
Domus, "New York", No. 487, June, pp. 49-50
East Hampton Star, "Earth Art", July 30
Flash Art, "Land Art", T. Catalano, May/June, p.17
Horizon, "The Flight from Reason", T. Meeham, Spring, pp. 4-10
Interfunktionen, "Dennis Oppenheim: Decompositions", No. 4, March, pp. 18-29
Interfunktionen, "Kunst Als Kontext", No., November, pp. 1-41
Magazin Kunst, "Concept Art", K. Honnef, September, pp. 1759-1767
National Observer, "Latest in Museums: No Walls at All", B. Marvel, August 10, p. 22
Newsweek, "Art Under Stress", D. Davis, May 2, p. 119
New York Times Magazine, "It's Called Earth Art-and Boulder-dash", R. Bongartz, February 1, pp. 16-17; 22-30
Robbo, "Quelques Aspects de l'Art Bourgeois", No. 5-6, p. 30
Sacramento Bee, "Conceptual Art", C. Johnson, July 19, p. 13
San Francisco Chronicle, "Return to Earthworks", A. Frankenstein, November 5
San Francisco Chronicle, "More Than One", T. Albright, December, p.25
Studio International, "Artists and Photographs", L. Alloway, April, pp. 162-164
Time, "Back to Nature", June 29, pp. 62-65
Vogue, "A Sound Enclosed Land Area", J. Gruen, August 1, p. 38

Livros e catálogos • *Books and catalogs*
Land Art, Fernsehgalerie Gerry Schum, Berlin, Deutschland
Concept Art/Arts Povera/Land Art, Germano Celant, Praeger Publishers, New York (New York), USA
Information, Museum of Modern Art, New York (New York), USA
Leben und Kunst, U. Kultermann, Studio Wasmuth, Tubingen, Deutschland
955,000, Vancouver Art Gallery, Vancouver, British Columbia, Canada
Recorded Activities, Moore College of Art, Philadelphia (Pennsylvania), USA

1969

Exposições individuais • *One person exhibitions*
John Gibson Gallery, "Below Zero Projects", New York (New York), USA
Galerie Yvon Lambert, Paris, France
Galerie Françoise Lambert, Milano, Italia

Exposições colectivas • *Group exhibitions*
Museum of Modern Art, "A Report-Two Ocean Projects", New York (New York), USA
Museum of Modern Art, "New Media-New Methods", New York (New York), USA
Andrew Dickson White Museum of Art, Cornell University, "Earth Art", Ithaca (New York), USA
Fernsehgalerie, "Land Art", Berlin, Deutschland
Stedelijk Museum, "Op Losse Schtoeven, " Amsterdam, Holland
San Francisco Art Institute, "Eugenia Butler Exhibition", San Francisco (California), USA
Staktische Kunsthalle, "Prospect", Düsseldorf, Deutschland
Seth Siegelaub, "March", New York (New York), USA
John Gibson Gallery, "Ecological Art", New York (New York), USA
Richmond Art Center, "Return to Abstract Expressionism", Richmond (Virginia), USA

Lista das obras List of works

Berne Kunsthalle, "When Attitude Becomes Form", Berne, Schweiz
Museum of Contemporary Art, "Art by Telephone", Chicago (Illinois), USA
Edmonton Art Gallery, "Place and Progress", Edmonton, Alberta, Canada
Jewish Museum, "The Artist's View", New York (New York), USA
Berne Kunsthalle, "Art After Plans", Berne, Schweiz
Seattle Art Museum, "587-087", Seattle, Washington
Vancouver Art Gallery, "955,000", Vancouver, British Columbia, Canada
Galerie Swart, Amsterdam, Holland
Fort Worth Art Museum, "Contemporary American Drawings", Fort Worth (Texas), USA

Publicações periódicas • *Periodicals*
Art and Artists, "New York: Moving Out", R. Pomeroy, January, p. 56
Artforum, "Real Time Systems", J. Burnham, September, pp. 49-55
Artforum, "Dennis Oppenheim: A Presence in the Countryside", J. Bourgeois, October, pp. 34-38
Artforum, "Place and Progress", W. Sharp, November, pp. 46-49
Art Gallery, "Exhibitions", February, p. 25
Art in America, "Impossible Art-What It Is", D. Shirey, May, pp. 30-31
Art News, "Sweet Mysteries of Life", A. Goldin, pp. 46-51
Art News, Exhibition review, March, p. 54
Art News: New York, "Dennis Oppenheim: Decomposition-Whitney Museum", January
Art News, "Scuba Sculpture at the Museum of Modern Art", W. Johnson, November, pp. 52-53; 81
ArtsCanada, "200 Yard Dash", October, pp. 38-39
Arts, "Exercises in Anti-Style", D. Ashton, April, pp. 45-46
Arts, "Two Ocean Projects at the Museum of Modern Art", A. Robbin, pp. 24-25
Auction, "The Expanding and Disappearing Work of Art", L. Alloway, October, pp. 34-37
Casabella, "Nature Has Arisin", G. Celant, September, pp. 104-107
Casabella, "Towards an Acritical Criticism", G. Celant, December, pp. 42-44
Combat, Exhibition review, O. Nanteau, June 8
Cornell Daily Sun, "Earth In Review", M. Goldman
Domus, "Prodigal Creator's Trilogy", T. Trini, September, pp. 42-55
Emmer Courant, "Kunstboer Waalkens", September, pp. 80-86
Interfunktionen, "Land Art/Earth Works", F. Heubach, No. 3, p. 30
Life, "Art You Can Bank On", September, pp. 80-86
L'Express, Exhibition review, O. Hohn, June 2, p. 8
L'Oeil, "Les Grandes Vacances de L'Art Moderne", May, pp. 11-19
Museumjournal, "Televisie Galerie", June, pp. 138-140
New York Magazine, "The New Art-Big Ideas for Sale", R. Constable, March, p. 10
New York Times, "Snow Projects form Canadian Borders", G. Glueck, June 22, p. 24
New York Times, "Modules for the Millions", G. Glueck, June 22, p. B-32
New York Times, "Painting Icebergs, Decorating Dunes", H. Kramer, November 16, p. B-25
Nieuwsblad, V. H. Noordan, April 9
Pariscope, "Dennis Oppenheim", B. Borgeaud, June 4
Village Voice, "Down to Earth", J. Perreault, February 13, pp. 18-20
Village Voice, "Earth Show", J. Perreault, February 27, pp. 16-20
Village Voice, "Off the Wall", J. Perreault, March 13, pp. 13-14
Winschoter Courant, J. H. Henssema, April

Livros e catálogos • *Books and catalogs*
Art Povera, Germano Celant, Praeger Publishers, New York (New York), USA
Earth Art, Andrew Dickson White Museum Of Art, Cornell University, Ithaca (New York), USA
557, 087, Lucy Lippard, Seattle Art Museum, Seattle (Washington), USA
Live in Your Heads: When Attitudes Become Form, Kunsthalle Berne, Berne, Schweiz
Op Losse Schroeven, Stedelijk Museum, Amsterdam, Holland
Prospect '69, Stadtische Kunsthalle Dusseldorf, Düsseldorf, Deutschland

1968
Exposições individuais • *One person exhibitions*
John Gibson Gallery, New York (New York), USA

Exposições colectivas • *Group exhibitions*
Dwan Gallery, "Language II-III", New York (New York), USA
Dwan Gallery, "Earthworks", New York (New York), USA
Whitney Museum of American Art, "Sculpture Annual", New York (New York), USA
Publicações periódicas • *Periodicals*
Art News, Exhibition review, John Gibson Gallery, Summer, p. 17
Artforum, "A Sedimentation of the Mind", R. Smithson, September, pp. 44-50
Artforum, "Earthworks and the New Picturesque", S. Tillam, pp. 42-45
Arts, "Earth in Upheaval", P. Hutchinson, November, pp. 19-21
Connaissance des Arts, "Le Reve American: Le Grand Canyon, Les Jeunes Artistes", October, No. 200, pp. 29-31
Mademoiselle, "Most Likely to Succeed", L. Lehrman, September, pp. 146-149
New York Post, "Exhibitions not Exhibitionist", May 25
New York Post, "Art and the Artist", E. Genauer, December 21
New York Times, "An Artful Summer", G. Glueck, May 18, p. D-35
Newsweek, "The New Art — It's Way, Way Out", H. Junker, July 29, pp. 56-63
San Francisco Chronicle, "Tasteful Redition of an Old Art", T. Albright, May 20
San Francisco Examiner, "Art Out of Hand", S. Eichelbaum, December 1
San Francisco Examiner, Exhibition review, J. Sanders, December 1
Saturday Evening Post, "Getting Down to the Nitty Gritty", H. Junker, November 2, pp. 42-47
Time, "The Earth Movers", October 11, p. 84
Village Voice, "Illusions of Reality", J. Perrault, December 26, pp. 2-23

Lista das obras List of works

Salvo indicação em contrário, todas as obras pertencem à colecção do artista.
Unless otherwise stated, all works belong to the artist.

Above the Wall of Electrocution, 1988
Acima da barreira da electrocussão
cabide de aço, cabo, máscaras de animais, ventiladores eléctricos, tecido, tomadas e fio eléctrico, dispositivo retardador
steel rack, cable, animal masks, electric blowers, fabric, electric cord, electric plugs, time delay relay
304 x 152 x 121 cm

Thought Bones from Between the Fingers of Fear, 1988
Ossos imaginários de entre os dedos do medo
fibra de vidro, aço
fiberglass, steel
45 x 304 x 61 cm

Two Strikes, 1988
Duas tacadas
taco de *baseball*, bola de *softball*, fibra de vidro
baseball bat, softball, fiberglass
7,6 x 152 x 366 cm

Waffle Bone, 1988
Osso de biscoito
gesso e fibra de vidro moldada
plaster and cast fiberglass
243 x 59 x 15 cm

Bad Cells are Comin', 1989
Células malignas vêm a caminho
címbalos de metal pintado, provetas, plataforma giratória, maçarico de gás butano, garras de laboratório, tinta azul
painted brass cymbals, scientific beakers, turntable, butane torch, laboratory clamps, blue ink
101 x 243 x 243 cm

Digestion, 1989
Digestão
gás butano, fibra de vidro, cera, alcatrão (6 elementos)
butane gas, fiberglass, wax, tar (6 elements)
dimensões variáveis/variable dimensions

Hot Vomit Machine, 1989
Máquina de vómito quente
molde de fibra de vidro, armação de aço, espelho de plástico, máquina de *donuts*, rodas de borracha
cast fiberglass, steel angle, plastic mirror, donut maker, rubber wheels. 158 x 71 x 285 cm

Summit to Sadness, 1989
O cúmulo da tristeza
garrafas de vinho submetidas a jacto de areia
sandblasted wine bottles
488 x 30,5 x 30,5 cm

Virus, 1989
Vírus
fibra de vidro moldada, resina, aço
cast fiberglass, resin, steel
183 x 183 x 183 cm

Wake Collision, 1989
Esteira de colisão
fibra de vidro, plástico, espuma, aço
fiberglass, plastic, foam, steel
366 x 5,1 x 10,2 cm

Black Pool, 1990
Bilhar negro
madeira, aço, varetas de alumínio, bolas de bilhar, bolas de *bowling*, tubo preto, feltro
wood, steel, aluminum rods, billiard balls, bowling balls, black pipe, felt
185 x 246 x 121 cm
Fotografia/Photograph: David Sunberg, New York

Dead Beats, 1990
Batimentos mortos
latão, tambor serigrafado
brass, silkscreened drum
dimensões variáveis/variable dimensions

Between Drinks, 1991
Entre bebidas
fibra de vidro e confetis
fiberglass and confetti
dimensões variáveis/variable dimensions
Depósito/Deposit: Geggens Aps, Fundação de Serralves, Porto

Crystal Waste, 1991
Sobras de cristal
moldes de fibra de vidro pintados, aço, vidro
tinted cast fibreglass, steel, glass
420 x 60 x 426 cm

A Ring for Every Finger, 1996
Um anel para cada dedo
espuma de estireno encrustada com fibra de vidro, estroboscópio, luzes, vidro, borracha
carved styrofoan with fiberglass, electric strobe lights, glass, rubber
183 x 305 x 305 cm

Blood Breathe, 1996
Respiração sangrenta
espuma sintética, grade de aço, discos eléctricos, recipientes de aço inoxidável, água, fibra de vidro (2 elementos)
hard foam, steel gratting, electric hot plates, stainless steelpans, water, fiberglass (2 elements)
125 x 122 x 135 cm (cada/each)

Blushing Machine, 1996
Máquina de corar
grelha de aço, focos luminosos, lâmpadas vermelhas, fibra de vidro, máscaras, cilindro de aço
steel grid, spot lights, red bulbs, fiberglass, masks, steel roller
152 x 122 x 366 cm

Candelabra, 1996
Candelabro
cera de abelhas, panelas de alumínio e aço, teclados eléctricos
beeswax, steel and aluminum pans, electric key boards
427 x 61 x 305 cm

Fast Exit, 1996
Saída rápida
madeira, cera de abelhas
wood, bees wax
91 x 91 x 183 cm

Four Corner Murders, 1996
Homicídios nos quatro cantos
aço, madeira, fio
steel, wood, yarn
122 x 610 x 610 cm

Proposal for Building Complex, 1996
Proposta para um complexo de edifícios
espuma sintética, plástico, tinta
hard foam, plastic, paint
30,5 x 91 x 152 cm

Scale Model Ski Houses, 1996
Maqueta para casas de ski
espuma sintética, madeira, tinta
hard foam, wood, paint
15 x 61 x 91 cm

Scale Model Tornado Houses, 1996
Maqueta para "casas-tornado"
espuma sintética, arame, plástico
hard foam, wire, plastic
15 x 61 x 91 cm

Snowman factory model with snowmen, 1996
Molde de fábrica de bonecos de neve com bonecos de neve
plástico, metal, fibra de vidro, madeira
plastic, metal, fiberglass, wood
maqueta/model: 30,5 x 91 x 91 cm
bonecos de neve/snowmen: 152 x 122 x 61 cm

Star, 1996
Estrela
madeira pintada, baloiços de madeira, berlindes, roldanas, arame
painted wood, wood swings, glass marbels, pulleys, wire
457 x 366 x 366 cm

Tar Roses, 1996
Rosas de alcatrão
fibra de vidro, cimento
fiberglass, ciment
183 x 122 x 122 cm

Topiary Piece, 1996
Peça de buxo
armação de aço, plantas, vasos de barro
steel rod, plants, ceramic pots
213 x 183 x 183 cm

OUTRAS OBRAS REPRODUZIDAS • *OTHER WORKS REPRODUCED*

Ghost Tantrums, Static Tremors, 1988
madeira, aço, fibra de vidro serigrafada, combóio eléctrico, máscara, transformador, espelho flexível, rodízios
wood, steel, silkscreened fibreglass, electric train, mask, transformer, flexible mirror, casters
91 x 366 x 244 cm
Fotografia/Photo: David Sundberg, New York

Badly Tuned Cow, 1989
cera, figura animal, aço, madeira, serigrafia, pigmentos, fibra de vidro, luzes negras
wax, animal form, steel, wood, silkscreen, pigments, fiberglass, black lights
213 x 243 x 243 cm
Colecção/Collection: San Jose Museum of Art, San Jose (California), USA
Fotografia/Photo: Ace Gallery, Los Angeles

Digestion. Gypsum Gypsies, 1989
cera porosa pigmentada sobre papier maché, resina modelada, bicos de maçarico de joalheiro, botijas de gás, manga de borracha, reguladores, gesso
poured, pigmented wax over papier maché, cast resin, jeweler's torch tips, propane tanks, rubber hose, regulators, plaster
150 x 300 x 450 cm
Colecção/Collection: Helsinki City Art Museum, Helsinki, Finland
Fotografia/Photo: Helman Gallery, New York

Two objects, 1989
motor, madeira, tecido serigrafado, temporizador
motor, wood, silkscreened cloth, timer
104 x 81 x 79 cm
Fotografia/Photo: David Sundberg, New York

Toe to Heel. Woman Trapped in a Man's Body, 1990
rede de alumínio, malha de ferro, placa giratória motorizada, figura de cera
aluminium rod, wire mesh, motorized turntable, wax figure
426 x 243 x 121 cm
Colecção/Collection: Kroller-Muller Museum, Otterlo, Holland
Fotografia/Photo: David Sundberg, New York

Rag Head, 1991
fibra de vidro modelada, acrílico, papel de parede, aço, motor eléctrico, trilhos, cabo, tubo, temporizador
cast fiberglass, acrylic, wallpaper, steel, electric motor, tracks, cable, tube, timer
244 x 570 x 570 cm
Fotografia/Photo: David Sundberg, New York

Slave Cactus, 1991
sheetrock, espuma sintética, remos, cavilhas
sheetrock, hard foam, oars, oar locks
30 x 1219 x 1219 cm
Colecção/Collection: Norton Museum of Art, West Palm Beach (Florida), USA
Fotografia/Photo: David Sundberg, New York

Black Dog in Cage, 1992
madeira, contraplacado, espuma sintética, aço, acrílico, figura animal, pigmentos, colunas de som, fita magnética, amplificador
wood, press board, hard foam, steel, acrylic, animal form, pigments, speakers, audio tape, amplifier
284 x 254 x 185 cm
Fotografia/Photo: Helman Gallery, New York

Gut Birthdays, 1992
aço, fio eléctrico, garras, madeira, fatos de mergulhador, luzes eléctricas, luzes de néon, pesos, cabo
steel, eletrical cord, clamps, wood, wet suits, electric lights, neon lights, weights, cable
305 x 610 x 427 cm
Fotografia/Photo: Helman Gallery, New York

Heart with Paper, Liver with Pencils, Lungs with Brushes, 1992
madeira, espuma sintética, papel, lápis, escovas, placas giratórias, tinta, pó brilhante, fio eléctrico
wood, hard foam, paper, pencils, brushes, turntables, paint, glitter, electrical cord
275 x 1372 x 975 cm
Fotografia/Photo: Helman Gallery, New York

Woman with Cubist Tendencies, 1992
espuma sintética, gesso, manequim, plástico, tecido, ventilador eléctrico
hard foam, plaster, mannequin, plastic, fabric, electric blower
244 x 122 x 122 cm
Fotografia/Photo: Galerie Albrecht, Munich

Blue Tattoo, 1992-3
tecido serigrafado e cosido, luzes de cena, projector, focos luminosos, touro motorizado, panela galvanizada, máquina fotográfica, temporizadores
sewn silkscreened fabric, border lights, projector, spotlights, motorized bull, galvanized pan, camera, time delay relays
Instalação/Installation: Helman Gallery, New York

366 x 762 x 762 (approx)
Fotografia/Photo: Helman Gallery, New York

Galloping Throught the Wheat, 1992-3
Patinaed cast bronze, foam
moldes de bronze patinados, espuma
91 x 305 x 152 cm
Fotografia/Photo: Helman Gallery, New York

Heavy Dog Kiss, 1993
molde de fibra de vidro pigmentado, tijolos, cavilhas
pigmented cast fiberglass, bricks, bolts
244 x 122 x 122 cm

Italian Divorce, 1993
fibra de vidro moldada e pintada
tinted cast fiberglass
61 x 244 x 61 cm
Fotografia/Photo: I. Idini, Roma, Italia

Battered Tears, 1994
espuma sintética, resina de fibra de vidro, pigmentos, gravação vídeo, monitores de vídeo
hard foam, fiberglass resin, pigments, videotape, video monitors
427 x 183 x 427 cm
Colecção/Collection: Museum van Hedendaagse Kunst, Gent, Belgique

Clothed Organ, 1994
aço, malha de arame, tubo de borracha, espuma sintética gravada, pigmentos
steel, wire mesh, rubber tube, carved hard foam, pigments
152 x 244 x 244 cm
Fotografia/Photo: Helman Gallery, New York

Hot Tattoos, 1994
aço, armações de aço, malha de arame, tubo de borracha, lareiras eléctricas, vinil serigrafado, placa giratória eléctrica
steel, steel rod, wire mesh, rubber tube, electric theatrical firelogs, silkscreened vinyl, electric turntable
488 x 274 x 274 cm
Fotografia/Photo: Helman Gallery, New York

Iron/Cactus, 1994
aço, madeira, ferros eléctricos, fio eléctrico, tomadas eléctricas, temporizador, vasos de barro, cactos
steel, wood, electric irons, electrical cord, plugs, timer, clay pots, cactus plants
183 x 244 x 30 cm
Fotografia/Photo: Helman Gallery, New York

Spinning Shark, 1994
pigmento, fibra de vidro, aço, motor eléctrico, temporizador
pigment, fiberglass, steel, electric motor, timer
274 x 213 x 183 cm
Fotografia/Photo: The Butler Art Institut, Youngstown (Ohio)

Stutter Pen, 1994
aço, acrílico, motores eléctricos, luzes de cena, fio eléctrico, armação de aço
steel, acrylic, electric motors, theatrical lights, electric cord, steel rod
366 x 488 x 549 cm
Fotografia/Photo: Helman Gallery, New York

The Last Dance, 1994
espuma sintética, pregos, fibra de vidro, pigmentos, radios, gira-discos, cabo
hard foam, nails, fiberglass, pigments, radios, record player, record cable
Instalação no/Installation at The Children's Museum, San Diego, California
366 x 1219 x 1219 cm (approx)
Fotografia/Photo: The Children's Museum, San Diego, California
Pormenor/Detail Instalação no/Installation at the Tweed Art Museum, Duluth (Minnesota)
Fotografia/Photo: Jeff Frey and Associates, Duluth (Minnesota)

Wolf Trucks: Mobile Land Form Activators, 1994
luzes eléctricas, fio eléctrico, temporizadores, cartão, cera, pigmentos, fibra de vidro, madeira
electric lights, electric cord, timers, board, wax, pigments, fiberglass, wood
61 x 732 x 152 cm
Fotografia/Photo: Helman Gallery, New York

Black Spaghetti, 1995
madeira, aço, gesso, tubo de borracha, fibra de vidro moldada, folha de fibra de vidro
wood, steel, plaster, rubber tube, cast fiberglass, fiberglass sheet
91 x 244 x 244 cm
Fotografia/Photo: Ierimonti Gallery, Milano

Silver Tears, 1995
aço galvanizado, aço perfurado, armação de aço, madeira, fibra de vidro, espuma sintética, fibra de vidro moldada, pigmento, arame, ventoínhas eléctricas, algodão, aspiradores, ventiladores eléctricos, bomba submergível
galvanized steel, perforated steel, steel angle, wood, fiberglass, hard foam, cast fiberglass, pigment, wire, electric fans, cotton, vacuum cleaners, electric blowers, submersible pump.
Installation at the Tweed Art Museum, Duluth, Minnesota
366 x 914 x 914 (approx)
Fotografia/Photo: Jeff Frey and Associates, Duluth

The Old In and Out, 1995
madeira, combóios eléctricos, transformador, fibra de vidro moldada, pigmento, túneis
wood, electric trains, transformer, cast fiberglass, pigment, tunnels
61 x 213 x 213 cm

Windmill, 1995
madeira, aço, motor eléctrico, acrílico, plástico moldado por vácuo, renda
wood, steel, electric motor, acrylic, vacuum formed plastic, lace
274 x 274 x 61 cm
Fotografia/Photo: Liz Leggett, New York

Rabbit Factory, 1996
aço, aço expandido, alumínio de cor, fibra de vidro moldada e pintada, acrílico, cimento
steel, expanded steel, colored aluminium, pigmented cast fiberglass, acrylic, concrete
427 x 1067 x 1067 cm
Colecção/Collection: Ballerup Kommune, Denmark
Fotografia/Photo: Planet/Ryberg, Copenhagen

Colófon

Capa / Cover
Inamate 300 gr.

Papel / Paper
Inamate 135 gr.

Tipos / Typefaces
ITC Rotis Sans
ITC Quay Sans

Tiragem / Print Run
1.000 Ex.

Pré-Impressão / Pre-Press
Multiponto

Impressão / Print
Arcanjo Ribeiro, Sucra. & Fos., Lda.

ISBN
972-739-049-8

Depósito legal
105 476/96